はしがき

　私たちが直面する社会的な課題は多くの要因が複雑に絡み合い，もはや法学や経営学という狭い枠組みだけで解決することが難しい。『法と経営学研究』（以下，本誌）は，法学と経営学の壁を乗り越え，「法と経営」という複合的な学術領域の形成を目指して2018年に創刊された。本誌は論文を公募し，その採否は審査を経て公正に決定すると同時に，定量・定性研究に加え，事例研究や歴史的なアプローチも含めた多様な接近方法を試み，さらに，研究者と実務家が問題の解決のために協力し，新たな発想が芽生える「場」となることを目標とした。

　本誌第2号は，「原点に立ち返る勇気」を副題とする対談ではじまった。その後に掲載された研究論文も，対談ひいては本誌の理念をまさに実践するものである。

　大場昭義会長と金城との対談は3時間近くに及んだが，企業統治を有効に機能させるための条件として，「自立した個人が組織の原点に立ち返る勇気をもつこと」を指摘した点が印象に残る。究極的には，「コーポレートガバナンスは組織が原点に立ち返ることを応援する仕組みにすぎない」。ガバナンスの仕組みが形式としては整備されてきたにもかかわらず，企業に限らず国や大学でも不祥事が絶えない理由は，自立した個人が組織内で孤立しているのも一因ではないだろうか。コーポレートガバナンスを個人と組織の関係，ひいては組織の設立理念や個人の生き方にまで踏み込んで論じることができたことは有意義であった。

　加賀山茂は，経営学と法学の分断を打開する方策を「販売信用の構造分析と事実関係の可視化」で提言する。それは，紛争の原因である複雑な事実関係を法律に基づいて誰もが納得する解決策を示すという法学の原点を，可視化のルールを具体的に提示することにより実現する試みである。

　加藤章夫の「資産運用ビジネスの成長に求める金融システムの再構築」は，わが国の資産運用ビジネスの原点を問う労作である。それは，銀行を中心とする間接金融システムが支配する中における資産運用業の制約を論じるとともに，実現可能な改革について提言する勇気ある研究と言える。

　金融の源流にさかのぼり，その役割や制度を考察することが現代の問題を理解し解決する有力な糸口をなることを示した論文が2点あった。三澤圭輔は，長野県の製糸業の発展に金融面で貢献した第十九銀行を史実に基づき分析し，同行が融資先の情報生産活動に注力していたことを検証する。それは，現在の地方金融

［法と経営研究 第2号（2019.1）］

機関の進むべき方向を示唆する。橋本理博は，銀行券の原点を，アムステルダム銀行の預金受領証と銀行券との関係から丁寧に検証し，銀行券と預金による決済システムのあり方が普遍的なものではない主張する。預金振替と不可分である点が銀行券の原点であるとの考察は，仮想通貨の本質を考える上でも重要である。

櫻井成一朗は，仮想通貨流失事件をケースとして情報セキュリティリスク・マネジメントの重要性について分析し，制度を整えるだけでは不十分で，企業の良心に基づいて構成員が顧客から委ねられた情報資産を守る情報管理の原点を説く。

また，本誌の新しい試みとして，コラム欄を設けた。第一線で活躍する5人の執筆者それぞれが，産業医学，働き方改革，地球物理，証券トレーディング，アメリカ政治について論じていただいた。内容は多岐にわたるが，日々の研究や実務を通して抱く問題意識を起点としている点で共通している。これらの優れたコラムが提示した視座をヒントに研究が進み，本誌への投稿論文に発展することを期待したい。

『法と経営研究』は，原点に立ち返る勇気をもつ自立した個人を応援してやまない。そして，そのような個人をつなげ，共鳴を生み出すことに貢献する媒体であり続けたい。

　2019年1月1日

加賀山茂・金城亜紀

『法と経営研究』第2号　目次

はしがき　　加賀山茂・金城亜紀

《対　談》
原点に立ち返る勇気
　　── 個人の自立とコーポレートガバナンス …… 大 場 昭 義／金 城 亜 紀 … 1

1　販売信用の構造分析と事実関係の可視化
　　──「法と経営」融合実現のための法技術（その1）……… 加 賀 山 茂 … 13
　Ⅰ　問題の所在（13）
　Ⅱ　法律・事実関係を可視化できるベクトル的表現技術（14）
　Ⅲ　事実関係の可視化に基づく法と経営の共通課題の検討（18）
　Ⅳ　結　　論（26）

2　資産運用ビジネスの成長に求める金融システム再構築
　　…………………………………………………… 加 藤 章 夫 … 31
　　はじめに（31）
　Ⅰ　問題の所在（32）
　Ⅱ　直接金融システムの効果（36）
　Ⅲ　資産運用ビジネスの成長（39）
　Ⅵ　銀行融資との競合と課題（47）
　Ⅴ　小　　括（52）

3　明治・大正期における地方銀行の与信判断について
　　── 製糸資金貸出計画書にみる第十九銀行の事例……… 三 澤 圭 輔 … 59
　Ⅰ　はじめに（59）
　Ⅱ　第十九銀行の製糸金融（61）
　Ⅲ　製糸資金貸出計画書と与信判断の実際（64）
　Ⅳ　1914年〜1920年（大正3〜9）の与信行動（81）
　Ⅴ　与信判断の背景（86）
　おわりに（95）

iii

［法と経営研究　第 2 号 (2019.1)］

4　アムステルダム銀行の預金受領証は「銀行券」だったのか

　　── 受領証の性格が映し出す銀行券と銀行預金の同一性 ‥‥‥ 橋 本 理 博 ‥ *103*

　　Ⅰ　は じ め に（*103*）

　　Ⅱ　預金振替決済の方法（*106*）

　　Ⅲ　預金振替勘定と預金受領証の関係（*109*）

　　Ⅳ　銀行券と銀行預金（*114*）

　　Ⅴ　お わ り に（*118*）

5　法と経営学における情報セキュリティ

　　── 仮想通貨流出事件を例にして ‥‥‥‥‥‥‥‥‥‥‥ 櫻井成一朗 ‥ *125*

　　Ⅰ　は じ め に（*125*）

　　Ⅱ　仮想通貨流出事件の本質（*126*）

　　Ⅲ　情報セキュリティの重要性と経営（*135*）

　　Ⅳ　法と経営学における情報セキュリティ教育の重要性（*137*）

　　Ⅴ　お わ り に（*140*）

コラム　目次

　1　温室効果ガスの追跡 ‥‥‥‥‥‥‥‥‥‥‥‥‥ 久 世 暁 彦（*29*）

　2　短期売買の抑制による流動性への影響 ‥‥‥‥‥ 脇 屋　　勝（*57*）

　3　製糸産業の興隆と労働環境の整備 ‥‥‥‥‥‥‥ 伊 藤 弘 人（*101*）

　4　働き方改革の意識改革 ‥‥‥‥‥‥‥‥‥‥‥‥ 齋藤由里子（*122*）

　5　偉大なアメリカ ‥‥‥‥‥‥‥‥‥‥‥‥‥‥‥ 鶴田知佳子（*141*）

執筆者紹介（掲載順）

【対談】

大 場 昭 義（おおば あきよし）　　日本投資顧問業協会会長

金 城 亜 紀（きんじょう あき）　　学習院女子大学教授

【論説】（掲載順）

加 賀 山　茂（かがやま しげる）

名古屋大学名誉教授，明治学院大学名誉教授
1979年大阪大学大学院法学研究科博士課程単位修得退学，大阪大学法学部教授，名古屋大学法学部教授を経て，2005年明治学院大学法務職研究科教授。2014年同法学部教授，2015年同大学院法と経営学研究科委員長，2017年定年退職
〈主要著作〉『法律家のためのコンピュータ利用法 —— 論理プログラミング入門』（有斐閣，1990年），『現代民法 担保法』（信山社，2009年），『民法条文100選 —— 100ヵ条で学ぶ民法』（信山社，2015年）

加 藤 章 夫（かとう あきお）

大手日系金融グループ資産運用会社トレーディング部長
1987年　早稲田大学政治経済学部経済学科卒業，日本興業銀行入行。1990年より一貫して資産運用会社に勤務。ファンドマネージャー，トレーダー，アナリスト，エコノミスト，運用企画等，投資信託関連業務に携わる。日本証券業協会主催「社債市場の活性化に関する懇談会ワーキング・グループ」専門委員（2010〜2012年）。月刊資本市場2012.11号（No.327）「社債市場の活性化に向けた取組み」座談会参加。ユーロマネー（国際金融専門誌）主催のユーロマネー・カンファレンスのパネラー（2010年〜）等。資格；日本証券アナリスト協会検定会員（CMA），Chartered Financial Analyst（CFA）

三 澤 圭 輔（みさわ けいすけ）

諏訪信用金庫融資部企業支援課調査役
慶應義塾大学経済学部卒。地方銀行にて支店長，審査部主任審査役を歴任後，民間事業法人財務担当部長を経て現職。京都産業大学大学院経済学研究科在籍。

橋 本 理 博（はしもと まさひろ）

帝塚山大学経済学部講師
2014年名古屋大学大学院経済学研究科博士後期課程修了，博士（経済学）
同大学特別研究員を経て2015年より現職
〈主要著作〉「アムステルダム銀行におけるマーチャント・バンカーの決済傾向：ホープ商会の事例」『経済科学』第61巻第3号（2013年），「18世紀における国際的決済とアムステルダム銀行」『証券経済学会年報』49号別冊（2015年），「金融史研究におけるアムステルダム銀行の位置」『名古屋学院大学論集　社会科学篇』55巻2号（2018年）

［法と経営研究 第2号(2019.1)］

櫻井成一朗（さくらい　せいいちろう）
　明治学院大学法学部教授
　1989年東京工業大学大学院博士課程修了，工学博士
　東京工業大学大学院助手・助教授，明治学院大学法科大学院助教授・教授を経て，2012年より現職
　〈主要著作〉「ユビキタス侵害とクラウドコンピューティング」『知的財産権と渉外民事訴訟』
　（弘文堂，2010年），「人工知能と法律人工知能」『明治学院大学法律科学研究所年報』29号（2013年），「法的推論における排除可能性の実現に関する検討」『法学研究』100号（明治学院大学，2016年）

【コラム寄稿者】

久世暁彦（くぜ　あきひこ）　　　宇宙航空研究開発機構

脇屋　勝（わきや　まさる）　　　株式会社日本取引所グループ総合企画部

伊藤弘人（いとう　ひろと）　　　(独)労働者健康安全機構労働安全衛生総合研究所
　　　　　　　　　　　　　　　　過労死等防止調査研究センター

齋藤由里子（さいとう　ゆりこ）　キャリア・コンサルタント

鶴田知佳子（つるた　ちかこ）　　東京外国語大学教授，同時通訳者

対談

原点に立ち返る勇気
—— 個人の自立とコーポレートガバナンス

大場昭義（日本投資顧問業協会会長）／金城亜紀（聞き手）

　大場昭義氏は，法と経営の交叉する領域で長年にわたり活躍されてこられた人物である。資産運用業界では，みずほ信託銀行の運用本部長，常務執行役員などを経て，東京海上アセットマネジメントの代表取締役社長・会長を歴任。さらに，日本証券アナリスト協会会長，日本投資顧問業協会会長として，当業界の発展に貢献されている。また，オピニオンリーダーとして多くの論考を発表し，青山学院大学や早稲田大学などでも教鞭をとられてきた。

　さらに特筆すべき点は，実務での活躍にとどまらず，日本の経済や社会のあるべき姿を具体的に論じ，それを実現する制度づくりにも積極的に貢献されてきたことである。企業経営の正しいあり方を企業の内外から総合的に検証し，実現していくことを目指すコーポレートガバナンス（企業統治）にも造詣が深く，コーポレートガバナンス・コードやスチュワードシップ・コードの制定にも深く関与されている。

　まさに，大場昭義氏は法と経営の複合的な視点から新しい学知と社会の創生を目指す本誌の理念を具現されて来られたと言える。そこで，多方面にわたる実に多角的なご活躍について，大場氏に自由に語っていただく形式での対談を企画することとなった。対談は，金城を聞き手として同氏がコーポレートガバナンスに関心をもつまでの経緯に始まり，研究と実践，さらには個人と組織のあり方と多岐にわたり示唆に富むものとなった。

［法と経営研究　第2号(2019年1月)］

［法と経営研究 第 2 号（2019.1）］

1　金融危機とコーポレートガバナンス

金城：本日は，お忙しい中お時間をいただき，ありがとうございます。大場さんは，少なくとも，約20年前から今日に至るまで，首尾一貫した主張をされてこられたように思います。その中核をなすのが，コーポレートガバナンスです。どのような契機で，コーポレートガバナンス（企業統治）の研究を始められたのですか。

大場：私がガバナンスの問題に興味をもったのは，1997年に生じた日本の金融危機がきっかけでした。なぜ，日本でバブルがおきたのか，多くの人たちが何かおかしいと思っていたのに，その時の雰囲気に流されて結果としてバブルが起こってしまったのはなぜか。そういうことを考えているうちに，行政や金融機関のガバナンスの問題も影響しているのではないかと思うようになったのです。

金城：自由化の流れがはじまったとはいえ，当時は今以上に，銀行をはじめとする金融機関は，銀行法をはじめとする各種の法令に基づき，大蔵省や日本銀行から厳しく監督されていました。にもかかわらず，金融機関は，バブルの元凶となりました。それが，なぜガバナンスの問題だと考えられたのですか？

大場：いきなり金融機関のガバナンスに問題があったと結論づけた訳ではありません。まずは，改めて米国の金融史を振り返る必要があるのではないかと考えました。歴史に残る大恐慌を引き起こしたことを契機として，その反省に立脚した制度づくりが日本よりも進んでいたと思われたからです。

その成果のひとつとして，1997年に井手正介さんにアメリカ金融史を教えて頂く中で『資産運用ビッグバン』を一緒に執筆しました。その本の中で，ディスクロージャーとフィデューシャリー・デューティー（fiduciary duty）の重要性について指摘しました。

その際，米国で1929年10月からの株価暴落を受けて1931年から1933年にかけて開かれたペコラ査問委員会の記録が参考になりました。同委員会では，1920年代の株式投機バブルの時代に行われた不正行為の解明・追及が行われ，その結果1933年にディスクロージャー（企業活動の情報開示）を中心とする証券法が制定されたのです。さらに，証券法制定を議会に要請する際にルーズベルト大統領が，「他人のお金を扱ったり利用したりする立場にある人は，基本的には他人のために行動しているフィデューシャリーの立場にあることを確認しよう」と述べていることなどを紹介しました。

それ以来，資本市場を健全に機能させるためにはディスクロージャーとフィデューシャリー・デューティーが重要だと考え，いろいろな場面でその重要性に

ついてお話しています。金城さんの
おっしゃる通り，この20年間，同じ
ことを繰り返し主張しているように
思います。

金城：どうして銀行は，過剰な融
資に走ったのでしょうか。

大場：自由化に対する恐怖があっ
たのではないかと思います。長年，
規制金利や護送船団方式で守られて
きた業種でしたから，自由化が進む

大場昭義

なか，組織を守るためには，バランスシートを大きくしてより利益を上げなけれ
ばならないという，焦りのようなものがあったのではないでしょうか。そのため
に目先の利益に過剰にこだわった可能性があります。本来であれば，闇雲に組織
を守ろうとするのではなく，何のための組織なのかに立ち返り，ガバナンスを効
かせることが大切だったのだと思います。

金城：その点，金融機関が社会的な存在としてどうあるべきか，社会にどのよ
うに貢献するかということが共有され，過去の反省を踏まえて法律という規範と
して確立している米国の歴史的経緯から多くの示唆を得られた訳ですね。金融機
関のガバナンスに対しては良く分かりました。

他方，日本と米国では銀行の位置付けが異なることも事実です。英米では，コー
ポレートガバナンスの主役は，銀行よりも資本市場です。しかし，わが国では銀
行，特に「メインバンク」がその取引先を監督する仕組みが，長きにわたり続い
ていたのではないでしょうか？

大場：たしかに，実態として日本ではコーポレートガバナンスの主体は銀行で
あった時代が長らく続きました。さらに言えば，その銀行を大蔵省に代表される
中央政府が管理，監督し，国家としての政策に合致させる経済運営を行ってきま
した。それが，いわゆる高度経済成長モデルです。そして，大成功したのです。
『ジャパン・アズ・ナンバーワン』と賞賛され，振り返れば有頂天になっていた
のかもしれません。

しかし，同書の著者のエズラ・ボーゲルは，ジャパン"is"ナンバーワン，「日本
は世界一である」と評価している訳ではありません。

戦後の経済成長モデルは，銀行が集団として間違った行動をとらない。あったと
しても，政府がそれを修正するという前提がありました。ボーゲルが，日本が"as"
ナンバーワン，「かもしれない，とすれば」と留保したのは，その前提がどこま

で持続的なのか，疑念を払拭できなかったからかもしれません。

2　コーポレートガバナンスの本質

金城：そう考えますと，1997年にバブルの崩壊を契機として生じた日本の金融危機は，戦後の高度成長モデルの終焉を象徴する事件であったとも位置付けられます。同時に，それは銀行を主体とする日本のコーポレートガバナンスの仕組み，ひいては経済成長を実現する枠組みを根幹から揺るがす大きな問題をつきつけました。大場さんが銀行を中心とする金融機関に対するガバナンスについて問題意識をお持ちになったことが奇しくも出発点となり，その後，コーポレート全体のガバナンス問題へと繋がるのでしょうか。

大場：日本的経営といわれてきた銀行を中心に置く間接金融の仕組が大きく変貌し，ガバナンスの主体を実質的に失った中で，誰がそれを補うのかという問題に，日本は突然直面したのだと思います。金融危機後におけるコーポレートガバナンスの大きな流れは，その主体が銀行から資本市場に移行することにあったと言えます。それまでのシステムが非常に成功しただけに，新たな仕組みに移行することはとても難しい問題でもありました。金融危機が，銀行を中心としたガバナンスの見直しを惹起したのです。

金城：であればこそ，日本のあるべきコーポレートガバナンスの理論化，実務への落とし込み，制度化に大場さんが積極的に貢献されてこられたのは，いわば必然とも言えます。あえて僭越な言い方をお許しいただければ，これまで脇役的な存在として認識されていた資産運用業が，重要な社会的使命をもった一つの産業として発展していく責任を課されたのですから。

大場：「必然」かどうかは分かりませんが，資本市場との健全な緊張関係の中で企業を統治する仕組みがない中，その担い手としての資産運用業の重要性が金融危機を経て飛躍的に高まったことは事実です。例えば，新たなコーポレートガバナンスの仕組みを具体化する施策として，2015年に制定され2018年に改定された，経営陣による果断な経営判断を促すことを通じて中長期的な企業価値向上を目指す「コーポレートガバナンス・コード」。また，2014年に制定され2017年に改定された，責任ある機関投資家の諸原則を定めた「スチュワードシップ・コード」などの制定にも，私を含め資産運用の関係者が参画しています。また，証券アナリストや投資顧問業の業界団体に関連する仕事も，広い意味ではそのようなこともご縁となり，お受けすることになりました。

金城：先ほど，金融危機が発生した真因を解明するために，米国の金融史を紐解くことがヒントになったと言われました。日本の金融業のあり方を考えるにあ

たり，日本の金融史も考察されたのですか。

　大場：はい。バブルの発生，そしてその崩壊という流れに身を置くなかで，そもそも何のために金融機関や企業は存在しているのかを真剣に考えました。日本で最初の近代的な銀行は，1873年に開業した第一国立銀行です。開業の地は今わたしたちがいる日本投資顧問業協会のすぐ近くです。その設立に尽力し初代の頭取になったのが渋沢栄一です。どういう思いで，どういう目的で渋沢栄一は日本で最初の銀行を作ったのか。そこに立ち返らなければならないのではないかという思いを強く抱きました。

　金城：組織の目的，そして志ですね。

　大場：銀行にしても企業にしても，組織には必ず設立目的がある。そこに立ち返るべきではないか，創立の原点に立ち返るべきではないか，ということです。コーポレートガバナンスに関してはいろいろな意見があります。私は究極的には，組織の設立目的を実現させるのがガバナンスの仕組みである，と考えます。しかし，金融危機における銀行の行動が示すように，長い歴史を歩んでいく過程で組織の原点に立ち返ることは，組織の内部の人間だけでは難しい場合が多いことも事実です。

　金城：批判を浴びたバブル期の金融機関の経営者とて，私利私欲ではなく基本的には会社のためを思って行動した，いわば善意の人ではないのでしょうか。

　大場：悪意をもって金融危機が生じるような行動に走った経営者は非常に少ないと思います。圧倒的に多いのは組織のために良かれと考えて，今から振り返ればその時の雰囲気にのまれた行動にかられたのです。このように，組織内部のミクロの論理が集積すると，より大きなマクロの文脈では大きく間違えることがあります。

であればこそ，コーポレートガバナンスを通して，社会的存在としての会社のあり方を常に問い続け，修正が必要な場合はそれが可能な仕組みを構築することが重要です。

渋沢栄一は，不動産価格の上昇を利用して，それを担保に融資を増やし，銀行のバランスシートを巨大化することを銀行の設立目的としたとは思えません。現職の経営陣が組織本来の目的と違った判断をしたときは，誤りを正し，経営を軌道修正させる必要があります。それを実現するのがコーポレートガバナンスの役割です。

　金城：ガバナンスの原点とは何ですか。

　大場：ガバナンスの原点は何のためにその組織はできたかに常に思いを致すことにあると思います。組織を守るために目先なにができるか，というショートター

ミズム，言ってみれば，善意のショートターミズムに組織人は陥ってしまいがちかと思います。しかし，中長期的な視点を持っていないと，真の意味で組織は守れないと思います。そのため，本質はなにか，創業の信念は何か，に立ち戻って考えることが必要だと思います。

組織の中に入ると組織を超えて考えることに制約が出てしまう面もあるかもしれませんが，ガバナンスに実効性をもたせるためにも，一人一人が自分の人生を何のために生きていこうとするかの原点に立ち返る強さを身につけることが必要ではないでしょうか。

3　研究と実践

金城：多くの実務家にとっては，日々直面している問題に対応されるだけでも，大変なことです。大場さんは，日々の仕事に埋没されることなく，そこから得られることを理論化・体系化されてこられました。どうして研究と実践の融合という，困難な，少なくとも楽ではない道をあえて選択されたのですか。

大場：研究と実践が片方だけではなく，車の両輪のように両者が共に等しく重要であることについて考えるとき，思い起こされるのは，郷土の偉人です。

私が生まれ育ったのは，静岡の浜松，井伊家のルーツともいわれる井伊直虎のふるさとです。浜松城は，徳川家康が20代後半～40代半ばまでの17年間本拠地とした城で，徳川家とゆかりの深い大名が城主となり，歴代城主の中には江戸幕府の要職に登用された人も多かったので，「出世城」と呼ばれるようになりました。このように浜松や三河地域は，徳川ゆかりの地として江戸時代はわが世の春を謳歌した訳ですが，明治維新で江戸時代の価値観は一掃されその立場は180度逆転，肩身の狭い思いをすることになります。

そういうなかで，厳しい立場に立たされた人々から自立の精神を持った創業者が次々と現れました。背景に流れていたのは「政府に頼るな」「人の真似はするな」という自立の精神です。その中の一人，本田技研工業の創業者である本田宗一郎の言葉に，「理念なき行動は凶器である。行動なき理念は無価値である」というものがあります。要すれば，理念だけ，行動だけではだめで，両方行う必要がある，理念と行動をつなげるのが企

金城亜紀

業であり，そのために力を尽くさなければならない，という意味だと理解しています。

私が研究と実践を両立させようと心がけてきたことのルーツは，この本田宗一郎の言葉にあります。

　金城：興味深いお話ですね。『法と経営研究』も，まさに，理念だけ，行動だけではだめではないか，という気持ちで創刊しました。「法」と「経営」もそれぞれ独立した存在として扱っていては自ずと限界があります。

　大場：郷土の偉人から感じることがもう一つ。豊田佐吉も郷土の偉人ですが，豊田佐吉にしても，本田宗一郎にしても小学校を出た時点で働き始めているのですね。彼らの歩みを見ると，教育の役割は何だろう，という点が気になります。私は教育の専門家ではないですが，折に触れ，教育とはなんだろう，と考えてきました。

　金城：大場さんは，ご家庭ではどのような教育を受けられたのですか。

　大場：2000年には，「教育改革とコミュニケーション」という随想を『信託』という雑誌に寄稿したこともあります。その随想にも書きましたが，教育における「家庭」の役割はとても重要だと思います。

私は，実家が明治時代から続く商家で，幼いころから両親が必死になって働く姿を見て育ちました。当時は戦後間もない頃ですから，一面焼け野原になったところからの再興なので，考えられないほどのエネルギーが必要だったのかもしれません。夏休みや冬休みには妹と二人で家の手伝いをしたことを今でも鮮明に覚えています。柔道家でもあった父は情熱の塊のような人でさほど口数は多くありませんでしたが，父から聞いた「競争する相手は自分。人生で大切なことは自分に克つこと」という言葉は，今も深く心に残っています。そういう家庭で育ち，地元の浜松北高校に入ったころから，どのようにすれば自分たちの生活が豊かになり，豊かな社会づくりに貢献できるか考えていました。まさに「君たちはどう生きるか」を考えていたことになります。

　金城：ガバナンスの本質は組織の目的を実現することと言われました。そう言われると，抽象的に聞こえます。しかし，企業の志を創るのは創業者という血の通った，実在する人間です。コーポレートガバナンスを抽象論で片付けることは難しいのではないでしょうか。大場さんのお考えの中心には，常に具体的な人間がいるように感じます。

　大場：先程名前を挙げた郷土の先輩方のほか，松下幸之助などに共通することは，世の中に貢献したい，世の中の役に立ちたい，という強いパッションを持っておられたことのように感じます。例えば，人力に頼らず機械で織物が出来るよ

うにしたい，自転車にモーターをつけて便利に走れるようにしたい，とか，電球で各家庭を明るくしたいとか，そういう思い，信念が，世の中をつくっていったのではないでしょうか。単に金儲けをしたいということだけでは，長続きしなかったと思います。

金城：日本の経済や経営は複雑に絡み合った多くの課題に直面しています。何かを実現したいというパッション，それは状況によっては一種の狂気と解釈されることもあるでしょうが，そういうものを有する個人が少なくなっていることも関連しているのでしょうか。

大場：大きなテーマで，一言で答えるのは難しいのですが，戦後の高度成長の後，生活が豊かになり，そもそも論に立ち返らなくても生活できる状況になったこと，また，それまでは生活を豊かにするという大きな目標があったのですが目標が見えにくくなったこと，という点があるのではないでしょうか。
そもそも論に立ち返って問い続ける，という営みは，エネルギーが必要です。したがって，その必要性が薄くなり，目標がみえにくくなってしまうと，根源的な問いを立てて，中長期的な視点でものを考える，ということがどうしても疎かになってしまうように思います。
これは，個人や企業だけでなく，行政や政府についてもいえることではないかと思います。さきほど，金城さんは，私の問題意識の拡がりについて，銀行のガバナンスからコーポレートガバナンスへ，という形でまとめてくださいましたが，コーポレートガバナンス，ソブリンガバナンス，大学のガバナンス，根っこには同じ問題があるように思います。

4　組織と個人

金城：大場さんは，実務と研究の両方に取組んでこられ，所属されている組織でもリスペクトされてきました。実務と研究を両立させることにはご苦労も多かったのではないかと思います。所属する組織との対立も皆無ではなかったでしょう。組織の中の個人として，どのような生き方を心がけて来られたのでしょうか。

大場：そうですね。現実には葛藤の連続でした。その中で，自分を見失わない大切さを意識してきたように思います。私の座右の銘からお話した方がわかりやすいかもしれません。「意志あるところに道あり」「和して同ぜず」です。
要すれば，人は得意とするものが皆違うのでみんなと同じ人生を歩んでも意味がないという強い思いがありました。企業で働いているとき，みんながあまりやらないことをやろうと思ってチャレンジしたのが，リサーチすること，マネジメン

トすること，の２つでした。約20年前は，信託銀行の資産運用部門にいましたが，その部門にはファンドマネージャーやアナリストになりたい人は多くいてもマネジメントをやりたいという人は必ずしも多くなかった，それなら自分がやろうと思いました。ただ，マネジメントだけをやっていると，組織の歯車になってしまいそうな感じがして，それで，疑問に思ったことをリサーチして，その結果を世の中に問いたいと思い，古くから教えて頂く機会の多かった井手正介さんと一緒に執筆したのが，先程もお話した『資産運用ビックバン』という本です。

リサーチとマネジメントの両方に挑戦する，と言うのは簡単なのですが，実際にやってみると，頭の使い方が違うので，同時並行ですすめるのは厳しいことの連続でした。そこで，平日はマネジメントに集中し，リサーチは週末に行う，という生活になりました。土曜日は図書館にこもっていることも多くありました。当時まだ子供が小さかったので，週末は，左手で子供を抱き，右手でパソコンを打つ，という生活をしていました。

　金城：渋沢栄一の「右手に算盤，左手に論語」のようですね。

　大場：そういう思いをしながら，『資産運用ビックバン』を執筆したのは，金融・資本市場および資産運用業で何が起きているのかの診断ができないと実践も間違ってしまう。正しい診断を行うためには，歴史からの教訓を整理する必要がある，そういう思いからでした。さきほど，「理念なき行動は凶器である。行動なき理念には何の価値もない」という本田宗一郎の言葉に影響を受けたとお話ししましたが，実践と研究，理念と行動がともに必要である，と思います。

　金城：これまでのお話を踏まえて，10年，20年先の政官財のリーダーに向けて，アドバイスをお願いします。彼ら・彼女らは何をめざし，具体的に何を行なっていくべきだ，とお考えでしょうか。

　大場：今は豊かな時代になっています。日本全体としての目標も定かではありません。だからこそ原点に返り，リベラルアーツにチャレンジすることが大切だと思います。

真のリベラルアーツは，ペダンティックな教養主義ではありませんし，昔の書物を訓詁学的に読み解くことでもありません。それは，文字通り，人間が自由に生きるために先人が苦闘し積み上げてきた悠久の知恵の集積なのです。このような価値観の根幹を理解し，人間性を磨き，知恵を絞り実践していくことが大切です。私も，かつてアスペン研究所の研修で，普遍的価値を持つ国内外の古典を今は亡き本間長世先生と読み込み，厳しく指導して頂いたことが貴重な財産となっています。

力強い会社，社会，国家をつくるためには，その構成員である個人が自立し，価

値創造のために自分に何ができるかを考えること，が大事だと思います。教育基本法の第1条は，「教育は，人格の完成を目指し」と定められています。人格の形成，完成のためにもリベラルアーツへのチャレンジが必要だと思います。

　金城：コーポレートガバナンスとリベラルアーツはどのように関係するのでしょうか。

　大場：先ほど，ガバナンスとの関係で組織には設立目的が必ずあると言いました。それを創るのは創業者という人間です。既存の組織では実現できない夢があるから，新しい会社という組織を創業するのです。世間の常識から自由，リベラルであることがその原点です。他国で比べて日本で起業が少ないとよく指摘されます。それは，リベラルな思考とそれに支えられた行動の少なさにも原因があると思います。

資本主義市場経済において，キャッシュフローを生み，価値を生み出すのは企業です。その前提にあるのは，自立した個人すなわち，「自分が何をしたいのか」，「自分は何をして社会に貢献するのか」という気概をもった人間です。そのような個の確立があってこそ，物事にアプローチするときに，形式主義やショートターミズムに陥らず，常に原点に立ち返って考えることができます。

　金城：リベラルアーツを学ぶことが，真の教育ということですか。

　大場：豊田佐吉，松下幸之助，本田宗一郎に代表される多くの優れた経営者，創業者はいわゆる一流と言われる立派な大学を卒業していません。豊かな時代ではなかったので自分の思いを成し遂げたいという並外れた強い思いを持っていたように思います。その実現には先人が積み上げた知恵を深く理解することが重要なことのように思います。彼らは自らリベラルアーツを学び，実践したのではないでしょうか。

ジョン・F・ケネディーは大統領の就任演説でこう言いました。「国家があなたのために何をしてくれるのかを求めず，君たちが国家のために何ができるかを問うて欲しい」と。演説の中の「国家」を，「会社」や「社会」に置き換えてもいいでしょう。コーポレートガバナンスやフィデューシャリー・デューティーの制度を整えることはもちろん大切です。しかし，それは自立した個人が前提であることを忘れてはいけません。制度や仕組みはそれを応援するものに過ぎないのです。

　金城：最後に，創刊間もない本誌に期待することを，ひと言お願いします。

　大場：『法と経営研究』は，狭い領域にとどまることなく，実務家と研究者が共に論考を発表できる場にされたいと聞いています。投稿者や読者が原点に立ち返ることを応援し，それを実践することを可能にする媒体になって欲しいと思い

ます。

金城：本日は長時間にわたり，貴重なお話を伺いまして，ありがとうございました。

おわりに

　私が大場氏とはじめてお目にかかったのは，かれこれ20年近く前になる。同氏はみずほ信託銀行で資産運用部門の責任者，私は同社からプロジェクトを委託された経営コンサルタントであった。その後も，いろいろな形でお世話になっている。同氏は，今でも実務と研究，実践と理論を両立されるとともに，所属する組織や業界ひいては関係官庁とも対話を続けている。本誌の創刊に関わる際に，そのような人物を輩出することに資すればという思いがあった。大場昭義氏は本誌の隠れた生みの親でもある。

　本企画は実務のみならず研究者・教育者としても活躍されている森田泰子氏が，大場氏と金城との対談を提案されたことを端緒とする。森田氏には，対談の枠組み作りから原稿起こしに至るまで，たいへん親切かつ丁寧にご尽力いただいた。末筆ながら記して厚く感謝申し上げる。

1 販売信用の構造分析と事実関係の可視化
——「法と経営」融合実現のための法技術（その１）

加賀山　茂

Ⅰ　問題の所在
Ⅱ　法律・事実関係を可視化できるベクトル的表現技術
Ⅲ　事実関係の可視化に基づく法と経営の共通課題の検討
Ⅳ　結　　論

Ⅰ　問題の所在

　法と経営研究の最終目標は，これまで別々の研究分野として，緊密な連絡なしに発展してきた法学と経営学とを融合し，社会に生起する困難な経営上の問題を，法律学の専門家にとっても，また，経営学の専門家にとっても，ともに納得できる解決策を提言できる方法論を確立することである。そこにたどり着くまでの道は遠く険しいが，少しずつでも，目標に向かって進んでいかなければ，到達はままならない。

　先に，筆者は，「法と経営」の基盤づくりに際して，以下のように，経営学の学問分野のマップ（[伊丹＝加護野（2003）ゼミナール経営学10頁]）に法律学の学問分野のマップを重ね合わせることを通じて，「法と経営」の出発点とすべきことを提言した（[加賀山（2013）法と経営学序説１-11頁]，[加賀山（2017）法と経営の基本的な考え方３-５頁]）。

　その際に，法学に対しては，確かに，体系的思考と定性分析には優れた実績を積み重ねているが，定量分析については，ほとんど実績を生み出していないことを指摘し，定量分析に着実な実績を積み上げている経営学の方法論を見習うべきことを論じた[加賀山（2017）法と経営の基本的な考え方２-３，６-18頁]。

　しかし，そこでは，経営学との対比において，法学の「弱み」とその改善点とについて指摘しただけであり，その時点では，経営学にとっても利用可能となる法学の「強み」について論じなければならないことに気づかずにいた。

　その後の研究を通じて，法学と経営学の融合を進めるためには，お互いの弱みについて，それらを補強すべきことを論じるだけでは不十分であり，むしろ，法

表1　筆者による「法と経営学」の着想（法と経営の共通基盤）

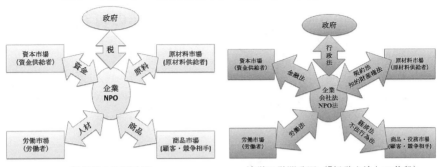

経営学の学問分野　　　　　　法学の学問分野（「経営六法」の基盤）

学と経営学のそれぞれの「強み」を明らかにし，それぞれの学問の発展のために，それらの強みを相互に利用し合うことが，より重要であることに気づくに至った。

そこで，本稿では，経営学に法学の「強み」を活用してもらうために，経営学でよく利用さえている SWOT 分析（［グロービス・基本フレームワーク50（2015）62-69頁］）を法学に適用し，法学における克服すべき「弱み（Weakness）」，経営学にとっての「利用機会（Opportunity）」，および，「利用危険（Threat）」に配慮しつつも，経営学にとって利用可能な法学の「強み（Strength）」である「事実関係の可視化の法技術」について論じることにする。

II　法律・事実関係を可視化できるベクトル的表現技術

1　事実関係の記述方法に関する現状

法律学は，医学との対比でいうと，医学が人の健康を害する病気の治療と予防に資する学問であるのに対して，法学は，社会的な病理現象としての紛争の解決と予防に資する学問である。

法学が紛争の解決と予防に用いるのは，法（法原理，および，具体的な法のルール）であるが，誰もが認めるルールに従って，紛争となっている事実にそのルールを適用することによって紛争を解決したり，予防したりする点に特色を有している。

紛争を解決するに際して，出発点となるのは，生の「事実関係」である。判決文を見るとよくわかるように，判決は，その解決策としての「主文」について，その「理由」として，「事実関係」とその事実関係に適用すべき「憲法又は法律の条文」，および，その事実関係に当該条文を適用した「結論」が書かれている。

つまり，紛争を解決したり，未然に防止したりするために必要な要素は，第1

に，事実関係，第2に，事実関係に適用すべき条文（具体的な条文の背景にある法原理が持ち出されることもある），第3に，事実関係に条文を適用する際の正確な推論・解釈が重要な役割を演じている。

このうち，法律家が得意とするのは，第3の法的推論としての解釈であり，この解釈については，法律の専門書が詳しく解説をしており，その気になれば，法学部以外の人々も，学習を重ねることによって，マスターすることが可能となる。

ところが，法の解釈の前提となる，第1の「事実関係の記述」の方法，および，第2の「事実関係にどの条文を適用すべきか」という問題については，今なお「勘と経験」の世界に委ねられたままであり，法学研究者の間でも，それらについての明確な方法論は確立していない（法学の強みの中に潜む「弱み」と「脅威」）。

先に述べたように，法学は，事実関係に法を適用して紛争を解決したり，未然に防止したりすることを目的とする学問である。このため，事実関係の分析にかけては，それが法学の「強み」であると法律家は信じてきたし，十分な成果を上げている。しかし，その分析方法については，勘と経験に委ねて，科学的な方法論にまで高めてこなかったために，他の学問分野の人々がその分析手法を利用することが困難となっている。したがって，事実関係の分析方法を客観的な手法でルール化するならば，法学だけでなく，経営学にとっても有用な分析道具となりうるのであり，法学の真の「強み」とすることができる。

2　法律・事実関係を厳密に可視化する方法論の提唱

法（主として，憲法及び法律の条文）を適用すべき「事実関係」を正確かつ分かりやすく記述する方法については，勘と経験の世界に委ねられてきた。このことが，他の学問分野の人々が法律を理解したり，活用したりすることを妨げてきた大きな原因となっていることは，すでに述べた通りである。

筆者自身も，これまでの講義経験を通じて，法律の解釈論（その中心は集合論）を正確に論じることは困難ではないが，訴訟に持ち出される複雑な事実関係を正確，かつ，分かりやすく説明することは困難であると感じてきた。なぜなら，事実の記述は，正確性を重んじると，それが膨大なものとなって，解釈問題を説明する余裕がなってしまう。反対に，事実の記述をおおまかにしてしまうと，正確な解釈論が展開できないというジレンマに陥るからである。そこで，筆者は，講義のレジュメを作成する際に，自らのためだけでなく，学生たちにとっても理解がしやすいように，事実関係を図によって可視化する方法を探究することにした。

確かに，従来においても，法学の教員たちは，黒板やレジュメに，事実関係の解説図を描いてきた。しかし，それらの図式の個々のパーツについては，一貫性

がなく，あるときは，矢印の方向が，債権者から債務者に向かう請求権（法律関係）の方向を示すものであったり，あるときは，矢印の方向が，債務者から債権者に向かって移動する物や権利の流れの方向を示すものであったりするというように，矢印の方向が何を示すのかが明確でなかった。このため，事実関係を図式化することによって，正確性を欠いたり，事実関係の理解に混乱を生じさせたりという弊害を生じさせてきた。

この問題を解決するため，筆者は，事実関係の正確性を担保しつつ，事実関係を１つの図に描くことによって事実関係の理解を容易にする方法を模索することにした。その結果，以下に示す表２のように，矢印の表記に，厳密なルールを課すことによって，法律・事実関係を正確かつ分かりやすく表現することに成功したと考えている。その概要を説明すると以下の通りである。

第１に，直線の矢印を請求権に限定し，ベクトルの考え方に倣って，起点を債権者，終点を債務者とすること，その方向，その太さによって性質（優先関係）を明らかにすることにした。また，直線の矢印であっても，点線のものは，物的担保とか人的担保のように，従たる権利・義務関係，または，消滅した法律関係を示すことを明確にした。

第２に，直線・円弧の矢印は，物とか権利の実際の流れの方向を示すことにした。その中で，直線は，即時的な移転を，点線は，断続的な移転（例えば，割賦弁済など）を示すことにした。

第３に，物，役務，権利の性質を表わす必要がある場合には，ピクトグラム（絵文字）を付記することにした。対抗要件である登記も，表１の図のようにも模式化するとわかりやすい。

第４に，時系列は，矢印等の中，または，欄外に番号によって順序を明らかにするとともに，時効のように，正確な期間の計算を必要とする場合には，適宜，年月日とか時間を付記することにした。

筆者は，担保法の教科書（［加賀山（2011）債権担保法］）を執筆する際に，このような図式化のルールに従って，民法判例百選（有斐閣）に搭載されている，担保法に関係する判例の事実関係について，これらをすべて図式化したことがある。この図式化の経験を通じて，従来の判例は当然のことながら，将来の判例に関しても，すべての事実関係を上記の可視化のルールに従って，正確かつ分かりやすく記述することが可能であるとの確信を抱くに至っている。

先にも述べたように，法学の「強み」は，紛争の原因となっている複雑な事実関係に，法のルールを適用して，誰もが納得する解決案を示すことにある。しかし，これまで，複雑な事実関係を正確かつ分かりやすい図に描く方法は，法律家

表2　法律・事実関係の可視化に関するルール

ベクトルの表現形式			実例	備考
		直線		
法律関係	実線	主たる権利・義務	→（太実線矢印）	起点が債権者,終点が債務者
	点線	従たる権利・義務	→（太点線矢印）	起点が債権者,終点が保証人
		曲線・円弧	実例	備考
事実関係	実線	即時の移動・移転	⤷（実線円弧矢印）	例：一括弁済
	点線	断続的・継続的移動	⤷（点線円弧矢印）	例：割賦弁済
双務契約	実線	独立契約	⟷（実線両矢印）	例：典型契約
	点線	従属契約	⟷（点線両矢印）	例：保証契約
その他	ピクトグラム		登記	例：登記

　の勘と経験に委ねられており，可視化のルールは存在しなかった。しかし，今や，本稿で提唱する，法律・事実関係の可視化のルールは，複雑な事実関係を正確かつ分かりやすい図を描くために必要とされるルールとして定式化されたのであり，筆者によって新たに発見されたルールを利用するならば，紛争解決の原因となっている複雑な事実関係が誰にでも理解できるようになることが期待できる。

　このことを通じて，事実関係の扱いに慣れた法律家だけでなく，その他の学問分野を専攻する人々にとっても，法律問題の基礎となる事実関係を理解することが容易になると思われるのであり，法学は，他の学問分野においても，事実関係の分析に寄与する大きな「機会」を得ることになると，筆者は考えている。

3　法律・実律関係の可視化のルールによる法学と経営学との架橋

　経営学を学習する学生とか，経営学を専攻する専門家も，法律関係が問題となる事実を図式化する際には，上記の可視化のルールに従って法律・事実関係の図を描くならば，以下に示すように，小さな局面ではあるものの，法学と経営学の架橋が，実現することになると思われる。

［法と経営研究 第2号（2019.1）］

第1に，法律家が事実関係を語るとき，その背後には，適用すべき法（憲法又は法律の条文）を常に想定している。このため，背後に控えている法律の要件要素に該当する事実だけがピックアップされ，その事実を中心にして事実関係が図式化される。したがって，法律家による事実関係の図式は，その図を見るだけで，背後にある法律の要件・効果が透けて見えるのであり，その事実関係図を見ただけで，その実関係の解決の顛末を知ることができるのである。

このように考えると，法律家が描く法律・事実関係の図式化は，確かに，従来は，勘と経験によって描かれていたため，法学以外の分野でそれを利用する効用は大きくなかったかもしれない。むしろ，それを利用することは，科学的な思考を追及する経営学にとって危険を伴うことだったかもしれない。しかし，今回の筆者の提案のように，図式に用いられている要素について，明確なルールが存在することが明らかになれば，このような法律・事実関係の図式化を経営学の分析においても利用する機会（Opportunity）は大きくなるといえよう。

以下では，上記の法律・事実関係の可視化のルールを応用することを試みることにする。法律・事実関係の可視化のルールを応用するに際しては，同じ事象であるにもかかわらず，「経営的には○○○だが，法的には×××である」とされている「ローン提携販売」（割賦販売法2条2項，29条の2〜29条の4）を例にとって，その原点である割賦販売そのもの（割賦販売法2条1項），さらには，その進化系とされるクレジット販売（割賦販売法2条3項・4項）を対象として考察する（筆者による法的視点によるアプローチとしては，［加賀山（2009）クレジット契約の位置づけ27-43頁］参照）。

Ⅲ 事実関係の可視化に基づく法と経営の共通課題の検討

「経営的には，割賦販売だが，法律的には，売買と消費貸借の組合せであって，割賦販売ではない」というのが，ローン提携販売（割賦販売法2条2項，29条の2以下）についての一般的な解釈である（［船越・割賦販売契約（1985）242頁］）。また，「割賦販売は，法律的には販売信用として分類されているが，経営的には消費者信用と同じである。」といわれることもある（最三判平2・2・20判タ731号91頁，判時1354号76頁）。このように，「経営的には○○○だが，法律的には×××である」という言い方は，いたるところで見られる。

しかし，よく考えてみると，経営の実態を無視して法律構成をすること自体に問題があるのではないだろうか。

そこで，この点を具体的に考えるために，その一例として，第1に，法律的に

は，販売信用とされるが，経営的には消費者信用（消費者ローン）とされるローン提携販売（割賦販売法2条2項）を取り上げて考察し，第2に，原点に遡って，割賦販売（割賦販売法2条1項）についても同様の考察を行い，第3に，その応用として，クレジット販売（割賦販売法2条3項・4項：信用購入あっせん）についても，同様の考察をする。

　これらの考察には，筆者が提唱している法律・事実関係の可視化の方法論を活用している。そのような法律・事実関係の可視化の方法に基づいて描かれた図を活用すること通じて，第1に，消費者販売とされる割賦販売，ローン提携販売，クレジット販売は，その経営実態に即して考察するならば，法律的にも，販売信用ではなく，消費者信用（消費者ローン）と考えることが有用であること，第2に，法と経営の分離を解消する方法の1つとして，経営の実態に即して法律構成をすることの重要性を明らかにしたいと思う。

1　ローン提携販売－割賦販売か，売買と消費貸借の結合か？

（1）ローン提携販売の法律構成に関する3つの謎

　まず，ローン提携販売について，経営的な視点から割賦販売法における規定（割賦販売法2条1項）を眺めてみると，以下のような問題点（3つの謎）があることに気づく。

　第1に，もしも，ローン提携販売を，単に，民法上の売買と消費貸借の組合せに過ぎない（銀行でお金を借りて，売買代金全額を一括払いする）と考えるのであれば，ローン提携販売が割賦販売法で規定されること自体を説明できないはずである（第1の疑問）。

　第2に，割賦販売法自体が，ローン提携販売について，安易にも，購入者の金融機関に対する割賦代金相当額の消費貸借であると構成している（割賦販売法2条1項）。しかし，購入者は代金を即時かつ一括で返済するつもりがないからこそ，割賦販売形式の契約を選択したのであって，代金相当額全額を一括して金融機関から借りて，それを売買代金に充てたとするならば，先に述べたように，それは，民法上の売買に過ぎず，割賦販売法が適用されること自体が謎となる（第2の謎）。

　第3に，購入者が金融機関から代金債権相当額について金銭消費貸借をするというのであれば，なぜ，販売業者がその保証人にならなければならないのか，法律的にはその根拠が不明である。後に詳しく考察するように，同じ目的を達成できる信用購入あっせんの場合には，販売目的物を担保（所有権留保（[清水（誠）(1985)割賦販売39-40頁]））とすることによって，販売業者は保証人となることから解放されているのであるから，販売業者が保証人にならねばならない必然性も存在し

ない（第3の謎）。

（2）経営実態に基づいたローン提携販売の法的性質の再構成

そこで，ローン提携販売の経営的実態を法に反映させるように，民法の知見をフルに活用して，法律関係を再構成してみる。

そうすると，以下のように，経営と法とを調和させることができることが分かる。すなわち，ローン提携販売は，経営の実態に即して考察するならば，以下のように再構成されることになる。

第1に，ローン提携販売は，法律的には，割賦販売ではなく，売買（民法555条）と消費貸借（民法587条）の組合せに過ぎないといわれているが，そうではない。

経営の実態をよく観察すると，ローン提携販売の出発点は，販売業者と購入者との間で，引渡しを先履行，代金を後払いとする割賦購入（割賦販売）の合意が前提とされており，同時履行（民法533条）の関係にある民法上の売買が合意されているわけではないことが明らかとなる。そうだからこそ，ローン提携販売が，割賦販売法の適用対象となるのである。（第1の疑問の解消）

第2に，ローン提携販売が必要とされたのは，販売業者が商品の引渡しをしても，代金は購入者からすぐには回収できないという，割賦販売に内在する経営問題を解決するためである。

その経営的な問題の解決方法として採用されたのは，販売業者が金融機関から割賦販売代金の一括融資を受けることとし，その方法として，購入者に対して有

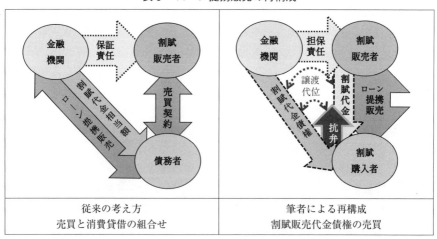

表3　ローン提携販売の再構成

している割賦代金債権を金融機関に売却するという方法（販売業者から金融機関への債権売買, いわゆるファクタリング（［栗栖（1974）契約法171頁］,［田辺（1984）ファクタリング258-259頁])) が採用されていることに気づくべきである。すなわち, ローン提携販売は, 金融機関による消費者信用ではなく, 実は, 金融機関による販売者信用であることに気づくべきなのである［山田(誠)（1991）複合契約取引（2）52頁]。

割賦販売法という法律は, この点を無視して, ローン提携販売を購入者の金融機関に対する割賦代金相当額についての金銭消費貸借（消費者金融）であると位置づけている。しかし, 購入者は, もともと, 代金の一括・即時弁済を前提にしていない。もしも, 代金を一括・即時弁済できるのであれば, そもそも割賦販売形式を利用せず, 民法上の売買契約を締結するのであるから, 購入者には, 割賦販売代金相当額の借り入れをする意思も理由も全く存在しないことに気づかなければならない。

経営的には, 融資を必要としているのは, 割賦購入者ではなく, 割賦販売業者の方なのである。この点を無視して法律構成をしている点が, 法律家の陥りやすい独断と偏見の現れであり, 割賦販売法の致命的な欠陥なのである。（第2の疑問点の解消）

第3に, 購入者からの債権回収ができない場合の金融機関の便宜のため, 販売業者は, 民法569条2項の債権売主の担保責任を負担する。割賦販売法2条によれば, 販売業者が金融機関に対して「債務の保証をする」とされているが, ローン提携販売においては, 純粋な保証契約が締結されるわけではない。この債務保証の実態は, 実は, 債権売買における売主の担保責任（民法569条）のうち, 「弁済期に至らない債権の売主が債務者の将来の資力を担保したときは, 弁済期における資力を担保したものと推定する」という, 債権売主に貸された厳しい担保責任に過ぎないと考えるべきである。（第3の疑問点の解消）

このように, 法律家が経営の実態をよく観察し, 経営の実態に合わせた法律構成を行うならば, ローン提携販売は, 経営的には割賦販売だが, 法的には, 売買と消費貸借の結合に過ぎないという, 通説的言明が誤りであり, ローン提携販売は, 経営的にも, 法的にも, 割賦販売を前提とした割賦代金債権の売買（ファクタリング）であるとして, 法と経営の融合が実現することになる。

2 割賦販売 ── 消費者信用か, 信用販売か？

（1）割賦販売は, 特殊の売買契約か？

次に, 原点に立ち返って, 割賦販売（割賦販売法2条1項：自社割賦販売）自体

についても，同様の考察を行う。

　割賦販売は，経営的には，消費者信用（消費者ローン）と同じであるが，法的には，利息制限法が適用されない特殊の売買，すなわち，販売信用であるとして，利息制限法が適用される消費者信用とは区別されるのが通常である。

　しかし，割賦販売と民法上の売買とは，経営的には大きく異なる。民法上の売買（民法555条）においては，目的物の財産権の移転（引渡し）と代金支払いとは，同時に履行されなければならない（民法533条）。これに対して，割賦販売においては，引渡が先履行となり，代金の支払はその後になされる（通常は分割支払い）である（割賦販売法2条1項）。このため，割賦販売業者は，購入者の購入意欲を高めるという販売戦略上の利点を得ると同時に，本来の売買の場合とは異なり，目的物を引き渡したにもかかわらず，即時に代金を回収できないという，経営上の大きな負担を抱えることになってしまう。

　このような本来の売買（民法555条）と割賦販売（割賦販売法2条1項）との経営実態の違いを考慮して，法的考察においても，従来のように，割賦販売を売買の箇所で論じるのではなく，消費貸借の箇所で論じるものが出始めている（[加賀山（2007）契約法467-476頁]，[中舎（2018）債権法317-318頁]）。

（2）割賦販売は，売買代金の準消費貸借（消費者ローン）

　さらに突き詰めて考えると，実は，民法においても，準消費貸借（民法588条）という条文が存在しており，この条文によれば，「金銭その他の物を給付する義務を負う者がある場合において，当事者がその物を消費貸借の目的とすることを約したときは，消費貸借は，これによって成立したものとみなす」と規定されている。

　割賦販売をこの規定に当てはめてみると，割賦販売において後払いとなる代金債権は，まさに，準消費貸借の要件に合致しており，したがって，割賦販売は，売買代金相当額に関する消費貸借であるという，経営的視点に合致する実態が，法的にも明らかになる。すなわち，割賦販売は，販売信用というよりも消費者信用（消費者ローン）と分類すべきことになる。

　このように考えると，割賦販売を販売信用と位置付けた場合には，利息制限法が適用されないのに対して，準消費貸借を通じた消費貸借であると考えるならば，消費者信用（消費者ローン）となるため，利息制限法が適用されることになる。そうすると，金融機関で代金を借りて通常の売買をする場合には，利息制限法が適用されるのに，割賦販売として割賦代金を支払う場合には，利息制限法が適用されないという，経営的には不合理な差異も解消されることになり，法と経営と

表4 売買と割賦販売との比較

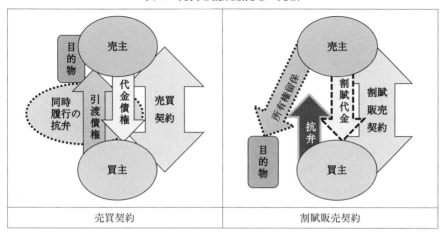

売買契約	割賦販売契約

の融合が図られることになる。

3 クレジット販売 ── 割賦販売か，売買と立替払の結合か？

（1）クレジット契約の法的性質に関する従来の法律家の考え方

割賦販売の発展の現状における到達点は，クレジット販売（割賦販売法2条4項）である。割賦販売法上は，個別信用取引あっせんとされているが，一般には，クレジット販売とか，立替払契約といわれている。

法律家は，この販売形式を，ローン提携販売の場合と同様に，1つの契約とみることができず，2つの契約，すなわち，販売業者と購入者間の通常の「売買契約」と，クレジット会社と購入者間の「売買代金の立替払委託契約」との結合であると考えている。しかも，最高裁判所は，この2つの契約は，経営的には密接不可分の関係にあるものの，法律的には，販売業者・購入者間の売買契約と，クレジット会社・購入者間の立替払契約とは別個の契約であると考えている（最三判平2・2・20判タ731号91頁，判時1354号76頁）。

このような判断の下では，たとえ，悪徳業者によって不良品等を法外な価格で売りつけられた購入者は，販売業者には契約を取り消したり，公序良俗に違反するとして無効を主張したりできるにもかかわらず，代金を立替払して購入者に代金相当額の支払を求めるクレジット会社には，支払を拒絶できないという不都合が多発する。

このような事態を認めるならば，悪徳業者は法外な代金の支払をクレジット会社から受け取ることが認められることになり，被害を未然に防止するインセン

［法と経営研究　第 2 号（2019.1）］

ティブが失われることになるのであるが，法律家にとっては，このような視点での考察は苦手のようである。

　このことを如実に表しているのが，以下にその要旨を示す平成23年の最高裁判決である。

最三判平23・10・25民集65巻 7 号3114頁

　個品割賦購入あっせん〔現行法では，個別信用購入あっせん〕において，購入者と販売業者との間の売買契約が公序良俗に反し無効とされる場合であっても，販売業者とあっせん業者との関係，販売業者の立替払契約締結手続への関与の内容および程度，販売業者の公序良俗に反する行為についてのあっせん業者の認識の有無および程度等に照らし，販売業者による公序良俗に反する行為の結果をあっせん業者に帰せしめ，売買契約と一体的に立替払契約についてもその効力を否定することを信義則上相当とする特段の事情があるときでない限り，売買契約と別個の契約である購入者とあっせん業者との間の立替払契約が無効となる余地はない。

　経営の観点から見れば，公序良俗に反するような販売行為であっても，クレジット販売を利用しさえすれば，クレジット会社から確実に代金相当額を回収できることになり，公序良俗違反の販売業者を利することになることは自明であるにもかかわらず，法解釈の専門家のはずの最高裁の裁判官には，このような単純なことも理解できていないのが現状である。

（2）クレジット契約を一体として捉える経営の視点に接近する法的アプローチ

　クレジット契約を販売業者と購入者間の売買契約と，クレジット会社と購入者間の売買代金相当額の一括立替払いという，別個の契約であると考える従来の法律家の考え方によると，ローン提携販売の時に生じた疑問点を克服することができない。なぜならば，売買代金の一括立替払いを行うならば，それは，民法上の売買契約に関する売買代金の決済方法の問題に過ぎず，割賦販売法で規制する必要性が生じないからである。

　また，クレジット契約を 2 つの別個の契約であると考えると，売買契約がたとえ公序良俗に違反する場合でも，立替払契約が有効であるとするならば，購入者はクレジット会社に対して売買代金相当額を返還しなければならず，販売業者が倒産したり，行方不明となったりした場合には，全ての危険を購入者が負担しなければならないという不合理な結果が生じてしまう。

表5　個品割賦購入あっせん（個別信用購入あっせん）の再構成

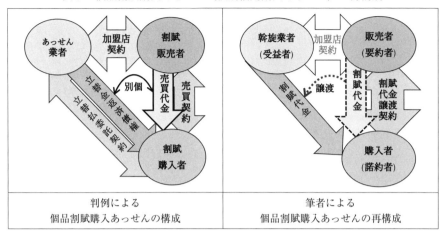

　クレジット契約が割賦販売法において規定されているのは，購入者が信用購入の便宜を受けることができるからであり，経営的に見れば，1つの割賦販売のみが存在し，その割賦販売代金の回収の危険をクレジット会社が負担しているに過ぎないということになるはずである。この経営的な視点を，法的視点からも正当化できる理論が，第三者のためにする契約（民法537条〜539条）の理論である（この理論の詳細については，[加賀山（2012）第三者のためにする契約の位置づけ1-14頁]，[加賀山（2013）振込みの民法理論1-19頁]，[加賀山（2013）第三者のためにする契約の機能270-303頁]，[加賀山（2015）サブ契約1-11頁]，[加賀山（2015）第三者のためにする契約の活用1-12頁] 参照))。

　第三者のためにする契約においては，契約は，要約者（ここでは販売会社）と諾約者（ここでは購入者）との間だけに契約（割賦販売契約を前提として，割賦販売代金債権をクレジット会社に譲渡するという契約）が存在し，受益者（クレジット会社）は，契約当事者ではないにもかかわらず，受益の意思表示をすることによって，諾約者に対して，直接に割賦販売代金の支払を請求することができるという制度である（民法537条〜539条）。

　もちろん，クレジット会社と販売店との間では，加盟店契約が締結されており，割賦代金債権の譲渡によって，クレジット会社から販売業者に対して割賦代金債権の売買の対価が支払われることになっている。

　クレジット契約においては，契約文言上は，クレジット会社と購入者との間で，売買代金相当額を一括して販売業者へ立替払を依頼するという内容となっている（[清水(厳)（1985）クレジット契約と抗弁262-263頁]）。しかし，購入者は販売店か

ら信用購入をするのであって，クレジット会社からさらに信用を受ける必要は存在しない。つまり，購入者は，販売店から信用購入をするのであるから，売買代金相当額を一括して販売店に立替払を依頼するという必要も合理的な理由も存在しないのである。

新しい法律構成によれば，そもそも，クレジット会社と購入者との間には契約は存在しないのであり，クレジット契約書に記載されたクレジット会社と購入者との間で締結されるとされる立替払契約は，購入者の意思が存在しないのであるから，存在しないか，無効ということになる。

さらに，新しい法律構成によれば，割賦販売代金債権は，販売業者と購入者との間の第三者のためにする契約によってその効力を生じるのであるから，販売業者と購入者との間の契約が公序良俗に違反した無効となったり，詐欺によって取り消されたり，商品の引渡しがなかったりしたというような場合には，民法579条の明文の規定によって，購入者は，クレジット会社に対して，弁済拒絶の抗弁をもって対抗できることになる。

このようにして，新しい法律構成によれば，経営的な視点と法的視点とが一致することになり，法と経営の融合が実現できるのである。

Ⅳ　結　論

本稿では，従来，「経営的には，○○○だが，法学的には×××である」というように，経営学と法学とを分断する思考方法，例えば，「ローン提携販売は，経営的には，割賦販売の一種だが，法学的には，消費貸借と売買という別個の契約関係の組合せに過ぎない」という思考方法について再検討を行った。

その過程において，経営学の観点から問題状況を観察し，その問題の中核となる法律・事実関係を可視化の法技術によって正確かつ分かりやすく図示することを試みた。

そのような再検討を通じて，従来，経営的には割賦販売の一種だが，法学的には，別個の契約の組合せであるとされてきた，ローン提携販売も，また，クレジット販売も，いずれも，法学の視点からも，経営学の視点によって導かれたのと同じ結論を導くことができることを明らかにすることができた。

このように，従来，経営学と法学とを分断してきた壁は，経営学を基盤としつつも，その実態に即して，厳格かつ目的適合的に再構成する法技術（本稿では，法律・事実関係の可視化のルール）を開発することを通じて，徐々に除去することができるのであって，そのことを通じて，法学と経営学の架橋，または，融合へ

と向かうことが可能となるという展望を示すことが可能となった。

　なお，2018年11月19日に，日本を代表する自動車メーカーの１つである日産の会長であるカルロス・ゴーン（64）が，有価証券報告書に自らの報酬を過小に報告したとして，金融商品取引法の容疑で逮捕された。この事件は，すべての経営者にとって，大きな衝撃をもって，様々に受け止められている。

　この事件によって，経営者の不正行為・腐敗を防止するための株主による企業統治（コーポレートガバナンス）をどのように構築すべきか，コンプライアンスの実効性を高めつつ，逆に，追いつめられる経営者の立場から，国家権力の濫用に基づく冤罪を防止するために，民事責任と刑事責任とをどのように調和させるかなど，「法と経営」の最重要課題が顕在化しており，「法と経営」という視点からの問題分析と解決策の提言が強く求められているといえよう。

　近い将来，この事件の詳細が明らかになった時点で，今回筆者が提案した，法律・事実関係に基づいて，事件の事実関係を１枚の図に描き，法と経営の観点から，問題の所在，解決の方法を論じることが，法学と経営学の融合を目指す筆者の今後の課題となると思われる。

参考文献

伊丹敬之＝加護野忠男（2003）『ゼミナール経営学入門〔第３版〕』日本経済新聞社

加賀山茂（2007）『契約法講義』日本評論社

加賀山（2009）「クレジット契約の典型契約としての位置づけ ── クレジット契約を「割賦販売の基本ユニット」（売買と準消費貸借の結合）の展開過程として位置づける」国民生活研究48巻３号

加賀山（2009）『現代民法　担保法』信山社

加賀山（2011）『債権担保法講義』日本評論社

加賀山（2012）「第三者のためにする契約の位置づけ ── 典型契約とは異なり，契約総論に規定されている理由は何か？」明治学院大学法科大学院ローレビュー17号

加賀山（2013）「振込と組戻しの民法理論 ──『第三者のためにする契約』による振込の基礎理論の構築」同上18号

加賀山（2013）「第三者のためにする契約の機能 ── 債務者のイニシアティブによる公平な三面関係の創設機能」高森八四郎先生古希記念

加賀山（2013）「『法と経営学』研究序説」明治学院大学法科大学院ローレビュー19号

加賀山（2015）「保証人，転借人，下請人の保護のための『サブ契約』理論の構築」同上22号

加賀山（2015）「『第三者のためにする契約』の活用による立替払い契約の購入者の保護」同上23号

加賀山（2017）「法と経営（Law & Management）の基本的な考え方」『法と経営研究』

信山社〔創刊号〕

グロービス・嶋田毅（2015）『グロービス MBA キーワード 図解 基本フレームワーク 50』ダイヤモンド社

来栖三郎（1974）『契約法』有斐閣

清水（巌）（1985）「クレジット契約と消費者の抗弁 ── 個品割賦購入あっせんを中心として」遠藤浩＝林良平＝水本浩監修『現代契約法大系』〔第 4 巻〕（商品売買・消費者契約・区分所有建物）有斐閣

清水（誠）（1985）「割賦販売」加藤一郎＝竹内昭夫編『消費者法講座 5　消費者信用』日本評論社

田辺光政（1984）「ファクタリング」上記『現代契約法体系第 5 巻金融取引契約』有斐閣

中舎寛樹（2018）『債権法－債権総論・契約』日本評論社

船越隆司（1985）「割賦販売契約」上記『現代契約法大系』〔第 4 巻〕

山田（誠）一（1991）「『複合契約取引』についての覚書（1）（2）」NBL485号，NBL 486号

コラム *1* 　温室効果ガスの追跡

久世　暁彦
（宇宙航空研究開発機構）

地球温暖化は懐疑論・排出取引・CO_2削減と話題に事欠かない。そもそも温室効果ガスは地球上どこでも同じ物差しで測られているのか，出しても風化しそうなものをどう万人が納得するように発生源を突き止めるのか，宇宙から見守ってきたものから話をしたい。

宇宙関係の仕事をしていると，「ロケット作っているのですね」と条件反射的に言われることが多いが，ロケットは人工衛星を軌道に載せるため打上げ，人工衛星は地球や天文観測のためのセンサに電力を供給し，取得したデータを地球に伝送するためにある。

2009年に，世界に先駆けて温室効果ガスを観測すべく打上げた「いぶき」は地球を2時間で一周し，人間の目にはみえない1万色を見分け，上空から投網を打つように観測できるので，わずかな温室効果ガスの濃度変化も見逃さない。1つのセンサで世界中どこでも観測可能で，データもその解析方法も無償で公開している。厄介なのは，においが検出できてもだれが放屁をしたかをつきとめるには疑わしき人の近くに行かねばならないように，排出後風に流されてしまったあとの濃度を漫然と観測しても，決定的な証拠をつきつけるのは難しい。

協定としては国別に排出量の削減が必要なのかもしれないが，国は面積も人口もまちまちである。人間が排出する温室効果ガスの大半は都市部からで，世界の大都市を中心に観測をすることで発生源別に排出量を推定する試みが始まっている。

発電や輸送により発生する二酸化炭素は，化石燃料の消費から排出量が推定できるが，人間活動と直結し削減もなかなか進まないのが現実である。一方，二酸化炭素に並ぶ温室効果ガスであるメタンは，油田・天然ガス田・炭田・ゴミ廃棄場・畜産など発生源が多岐にわたり，排出量推定には上空からみるのが最も効率的である。また衛星データから発生源別に排出量がわかれば，適切な削減策を効率的にとることができる。軌道に乗ってしまったあとも，観測パターンの改善を日々すすめている。

宇宙から地上に舞い降りれば，放屁の可視化もできそうだが，人間関係が複雑になるのでやめておく。

[法と経営研究　第2号（2019年1月）]

2 資産運用ビジネスの成長に求める　金融システム再構築

加藤　章夫

　はじめに
Ⅰ　問題の所在
Ⅱ　直接金融システムの効果
Ⅲ　資産運用ビジネスの成長
Ⅳ　銀行融資との競合と課題
Ⅴ　小　　括

は じ め に

　はじめに，今回の寄稿にあたり「法と経営」という切り口から，本稿で何を問いたいのか明らかにしておく必要がある。法制度は言うまでもなくそれが作られた時の経済社会環境を前提，想定しており，当然のことながら50年，100年先を見越したものであることは難しい。むしろ，超長期までを視野に入れた法制度を作れば，制定時の社会環境に対して必要とされる効力を弱め兼ねない危険性すらあろう。法制度とは，法律そのものとその法律に立脚した制度設計をも包含すると理解している。経営を取り巻く経済環境は時々刻々と変質し，変化を積み重ねていくものであり，その意味で経営は法制度を所与とすることなく，自らの成長，変革に資するようその法律を書き直すよう働きかけ，上書きを絶えず繰り返していくことが求められる[1]。特に経営環境の変化が著しく速い金融経済の世界では，昨日の良法が明日の悪法になりかねない。

　環境変化により間接金融を主軸にしてきた我が国の金融制度には現在限界が生じており，今後日本経済が活力を取り戻すためにはより効率的な金融制度に改めて行く必要がある。直接金融へのシフトを進めるには，銀行融資の裏側にある社債市場の活性化が重要であるが，社債は銀行融資と競合関係にあるが故にその実

（1）大垣尚司［2017］「経営と法 方法論的序説」『法と経営研究』創刊号。

[法と経営研究　第 2 号（2019.1）]

現には社債と融資の関係をリバランスして資産運用ビジネスを成長させるという強い経営判断と意思決定が必要である。しかし，同業界には課題も多い。業としてのガバナンス確立から始まり，銀行預金に滞留する家計部門貯蓄の取り込み，社債を使った運用商品の拡充，また運用にかかる規制の柔軟化や社債投資を行うクレジット運用者の育成などが急がれる。そして「法と経営」に即して考えれば，資産運用ビジネスへのリソースシフトという経営判断により社債市場が活性化され直接金融が広がっていくことが望まれるが，法はどのように整合性を確保するべきかを併せて問う必要があろう。

I　問題の所在

　日本はバブル崩壊以降，経済の停滞期が長く続き，今もなお低成長に苦しんでいる。そして今後は益々少子高齢化が経済を圧迫するとかなり以前から指摘されてきた。低成長から脱せない背景として金融システム面から論じた優れた先行的な論文は少なくない。その指摘を踏まえ，社債市場活性化の重要性を議論する序章としたい。

1　直接金融と間接金融

　日本の金融システムは，銀行の資金仲介を中心とした間接金融が中心であり，英米の直接金融とは対照的かつ異質であると言われて久しい。日銀の統計によれば，図の通り，企業金融（簿価・残高ベース）の大半は借入，主に銀行融資であり，バブル崩壊以降で株式市場による調達がやや増加する傾向はあるものの，一貫して社債の存在感はないことが見てとれる[2]。この借入，融資を主体にした間接金融と社債を主体にした直接金融との関係を論じた先行的な文献には，野口氏や池尾氏などの著書がある[3]。彼らに共通することとして，政府が主導する間接金融の下では，適切な資金配分が成され難いこと，産業の新陳代謝が進み難いことなどを重視しており，早期に民間の市場メカニズムに軸足を置いた直接金融への転換を主張したことである。また，これらはバブル崩壊後の比較的早い段階から指摘されていたことにも注意が必要だ。

（2）日銀資金循環統計では株式が時価評価の影響をうけるため，株式調達が過大に一方，貸出が過少になる。直接金融による調達（株式や社債など）と間接金融による調達（金融機関借入など）との比率を正確に把握するためには，簿価あるいは額面ベースの計数をみる必要がある。

2　資産運用ビジネスの成長に求める金融システム再構築〔加藤章夫〕

　一方，高度成長期の立役者として間接金融における邦銀の役割を積極的に評価したのが，ケント・E・カルダーの著書である[4]。彼の著書で特徴的なことは，間接金融が嘗て成功したのは政府ではなく民間主導で資本を効率的に配分したからだとし，このモデルの正しさは，その後東アジアに輸出され成功したことでも証明されたとする。政府は公共財インフラの提供という重要な役割を担ったものの，あくまでも主導したのは民間であり，資金配分は市場においてうまく出来ていたと高く評価している。但し，銀行など民間主導を可能にした条件として，規制金利下の資金調達市場の未整備という時代的な背景を前提に置いており，そのまま現代のモデルになり難いことは認めるべきだろう。

　これらの先行的な文献を踏まえると，政府の規制がなく証券市場が十分に成熟・整備された我が国が，依然として間接金融主導でいることにはやはり疑問が残る。本当に本邦金融機関に嘗て資金差配に成功した慧眼があるのであれば，尚

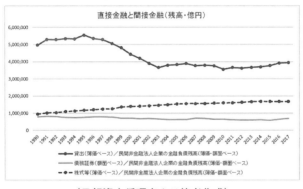

（日銀資金循環表より筆者作成）

（3）野口悠紀雄［1995］『1940年体制──さらば戦時経済』では，現代の日本には戦中の国家総力戦に資する目的で構築された間接型金融システムがそのまま残存しており，経済が成熟してくると効率的な資金配分を妨げる要因になると指摘した。官僚主導型の間接金融は高度成長期では奏功したものの，先進国に追いついた現在は逆に新しい成長分野への資金供給が出来ずに，むしろ成長の目を摘んでいるとして英米型の直接金融への転換を主張している。同様に，池尾和人［2006］『開発主義の暴走と保身──金融システムと平成経済』も，政府と銀行が癒着した開発主義経済システムがバブルの傷を深くし，またその後の産業構造転換を遅らせる背景になっているとする。
（4）ケント・E・カルダー［1994］『戦略的資本主義──日本型経済システムの本質』では，間接金融の実際の牽引役は，官僚ではなく民間つまり銀行や企業系列であり，市場メカニズムにありながら単なる利潤追求ではない高い目的や強い国益意識を持って資金供給を差配していたとして，これを『戦略的資本主義』と呼び，積極的に評価した。

[法と経営研究 第2号(2019.1)]

更のこと融資を主体にした資金供給から，市場メカニズムを活かした資本市場での資金調達を支援する投資銀行，あるいは個人・法人を問わず豊富な資産運用など多様な金融サービスへの展開，成長が期待できるように思われる。本稿の意義は，これら先行的な文献や研究を踏まえて，資産運用業の成長が起点となり直接金融の本丸でもある社債市場の発展・成長を促すことが，マクロ的な成長期待に資することについて論じるものである。

2 日本型金融システムの歴史

日本の金融システムの起源や成り立ちを踏まえれば間接金融を選択せざるをえなかった経緯は理解できる[5]。欧米に遅れて近代化に焦る明治政府，また壊滅的な被害を受けた戦後の日本など，特殊な環境から強力な間接型金融を必要とした時代があった。米英のように当初期待された商業金融ではなく産業金融へと進まざるを得なかったことは日本の置かれた時代背景によるものだろう。明治維新の後に欧米諸国よりも数歩遅れた近代化に邁進する我が国としては産業金融の強化は避け難く，直接金融が出遅れる大きな背景になった。更に，銀行の重みが一段と増したのが昭和金融恐慌である。企業グループに属する機関銀行は資金の供給を以て傘下の企業再建に力を発揮し，その中核的地位を占めるに至った。

また，戦後においても占領軍は，当初日本の金融システムを英米型の直接型に転換しようと試みたが，経済復興を優先するという目的が日本政府や邦銀首脳とも一致した結果，間接金融を温存，利用することとなった。社債とバッティングする長期融資を主業務とした政府系銀行であった日本興業銀行の閉鎖が検討されたとき，銀行トップは占領軍に対して少なくとも社債市場が整備されるまで融資機能は必要だと訴え，そして受け入れられた[6]。この後，戦後復興と高度成長期はこの主張通りの展開だったことは改めて言うまでもない。図表の通り，産業資金の供給に占める銀行融資のシェアは7割から8割を占め，直接金融，特に社

（5）高橋亀吉・森垣淑［1993］『昭和金融恐慌史』では明治から戦前期の銀行が置かれた環境説明が詳しい。明治の銀行設立期から産業金融の資金需要は強く，民間銀行の多くは特定の企業グループと固い絆，癒着関係の下に誕生した。三井は早くから三井銀行を経営し，三菱や住友も独自の銀行組織をそのグループ内に設立した。銀行の『機関銀行化』が誕生期から求められていたとする。

（6）敗戦後，GHQ は戦時金融の中核を担った興銀を「戦犯銀行」として閉鎖するよう強く迫るなか，興銀首脳は GHQ と粘り強く折衝し，敗戦からの経済復興を実現するためには証券市場が未発達の日本では債券を発行し産業資金を提供する機能が必要だと主張した。

債での調達はごく僅かにとどまった。この期間は戦後復興を急ぐため政府による規制は実に強く，人為的な低金利政策と基幹産業や輸出産業に対する所謂傾斜配分融資が行われた。実際，金利や店舗展開などの金融規制は過度な競争を抑止して中小金融機関の経営基盤を支える効果があった。また，海外資本規制による資本の国外流出，国内流入も制限され，政府が管理しやすい状態，つまり，国際的な市場メカニズムからは隔離された状態にあった。なお，傾斜配分については，通産省か民間銀行か，差配の主体については諸説あるものの，広い視野からの国益追求，日本の国際競争力向上のため官民が協調して成長が見込まれる鉄鋼，自動車，電気機械などへの重点的配分が行われた。このように銀行は政府規制管理の下，極めて効果的にその機能を発揮して，日本の産業競争力を一気に国際水準まで押し上げる原動力になったと評価できる。

（日銀統計資料より作成）

3　日本型金融システムの光と影

　日本の金融システムはこれまで何度か市場を通じた直接型を選択する機会はあったが，いずれも日本の置かれたその「特殊な事情」から見送られてきた。しかしながら今，現在においても，間接金融が機能を発揮した時代背景である「特殊な事情」は変化していないのであろうか。日本の金融システムは嘗ての課題である明治以降の近代化や戦後復興という課題を間接型金融で乗り切り，そして成功に導いた。現在，課題となるのは，グローバル競争の中で少子高齢化を迎えた日本が再び成長軌道に戻るために，金融システムはどのような選択をするべきなのかということだろう。この点で，現在間接金融を続けることのメリットが見え

［法と経営研究 第2号（2019.1）］

難くなっているとも言える。現在の日本は既に先進国でありキャッチアップする段階ではなく，寧ろ新興諸国からはキャッチアップされる立場であり，新たな成長モデルを自ら見出さなければならない。一方，人口動態から今後は一層経済に社会福祉の面からの負担が加わる。政府の規制は80年代前半から段階的に撤廃され，現在，海外と隔離する資本規制はない。このように米英など少なくとも日本よりも高い成長を持続する国々と遜色ない自由な経済環境にありながら，証券市場，取り分け社債市場の成長・発展は捗々しくない。間接金融を銀行仲介による家計から企業への資金循環と位置付けると，その表裏の関係にある社債市場の活性化によって新たな資金循環が太くなれば，家計，企業，金融機関はメリットを期待できる。戦後70年以上，バブル崩壊後20年以上経過した現在においても金融システムに変化が見えない背景には，日本の社会，即ち家計，企業，銀行，夫々が未だ成功体験の延長にあり，激しい痛みや強い恐怖がないが故に変革に竦み足踏みする結果，意図せざる「均衡」に陥っているのではないかとの思いが強い。

II　直接金融システムの効果

直接金融に転換するということは，銀行融資を通じた資金循環から資本市場を通じたものに変えていくことを意味する。その場合どのような効果が期待できるのだろうか。

1　家計部門の課題

改めて言うまでもないが，日本の家計部門の預金選好は極めて強い。98年には銀行店頭での投資信託販売が解禁され，投信の個人資金を取り込むチャネルが拡充され期待が高まったが，その後大手銀行や証券会社の破綻が相次いだこともあり家計一般の運用意欲は後退した。運用会社は毎月分配型投資信託など商品面での工夫により，個人投資家から一定の支持は得たものの，その顧客は一部の富裕シニア層に限定されていた。その後も公募投資信託の残高や家計の投信比率などの推移を見ると，個人投資家層の広がりは限定的であり，銀行預金に代わる受け皿にはなっていない。グラフを見ると，家計に占める預金比率は過半を占め，一方投資信託比率は概ね5％程度と預金の10分の1程度に止まり，その傾向に変化がないことが分かる[7]。

米国を始め他の先進国との比較感だけなく，運用効率向上の観点からは，家計部門でのリスク資産保有を促すことが望ましい。家計部門は預金選好を変えず，

36

自覚的な不都合はないのかもしれない。しかしながら、昨今のように社会・金融環境が大きく変化している中で変われないことにより、マクロ的な不整合が惹起しつつあることには注意が必要だ。日本銀行のマイナス金利政策は依然終焉が見えず、預金金利が上昇していく見込みは立たない。家計部門の年齢構成は年々上昇傾向にあり、シニア世帯の生活を支える年金財源問題に明るい展望は描けない。シニア就労の他に家計が自衛する手段には何があるだろうか。貯蓄ストックの運用効率を高める必要性は家計部門の無自覚の中で益々高まっているように思われる。成熟経済の特色として、企業が豊富な現金ストックを活かした直接投資の必要性が高まるように、家計部門でも貯蓄ストックの運用収益を改善させることが望ましい。

（金融広報中央委員会 HP より作成）

2　企業部門の課題

本稿冒頭の課題認識の通り、日本経済を発展段階的に捉えた場合、既に高度成

（7）最近、この状況を打開すべく官民ともに動きは出ている。前述の当局主導の顧客本位の業務運営に加えて、NISA、積み立て NISA（NISA;2014年にスタートした個人投資家向け税制優遇制度）、IDECO（公的年金にプラスして給付がうけられる個人型確定拠出年金制度）など裾野拡大に向けた仕掛けが次々投入されている。たしかに資産運用において税制優遇の魅力は軽視できないが、その成果を確認するには数年単位の経過が必要だろう。

長期は過ぎ成熟期に差し掛かる。上場企業の手元資金は2017年度末で約120兆円，主要500社ベースで総資産対比11％と米７％（日経記事）を上回り国内設備投資による成長期待が持ち難い。グローバル企業は海外に成長を求めて国際的な財務戦略を描くことから，内外銀行からの借入，内外市場での社債発行，公募増資と考えうる財務戦略を駆使した資金調達ニーズは高まる。金融機関は円建て融資だけでなく社債も組み合わせたグローバルな資金調達の提案が必要になる(8)。また，成熟企業の大型買収だけでなく創業間もない企業の成長を支えるためには，海外並みに発行市場の間口を広げ，それを消化できる投資家層を厚くする，即ち社債市場の活性化が必要である。アップル，グーグルやアマゾンなどは創業間もない頃から社債発行をうまく活用して成長を加速させてきた。

　企業サイドから見た社債発行市場の重要性は，次の通り整理出来る。まず，無担保債発行が容易になれば企業の資金調達は自由度，機動性において格段に向上する。一般的にはスタートアップ企業の場合，借入に供する十分な担保に乏しく且つ格付けが低いため，社債発行だけでなく銀行借入にも困難が伴うことが多い。次に，市場を通じて多数の投資家が社債を引き受ければ，財務戦略上，必要なだけの資金量を確保できる可能性が高まる。この利点を銀行融資に応用したのが，シンジケート・ローンであり，近年その市場は広がりを見せている(9)。そして，社債市場へ資金調達がシフトする過程で銀行との関係に大きな変化が生じる可能性がある。積極的な意味で邦銀独特のメーン・バンク制度が変質し，企業と銀行は双方が自らの経済合理性に基づいた取引関係，ビジネス・パートナーとなるだろう。即ち，企業は銀行の資金的・人的な支援が弱くなる反面，経営の自立性は高まることになる。邦銀が戦後復興以降で発揮してきたコンサルティング機能を否定するものではないが，それはキャッチアップ期の規制時代にこそ有効であったと思われる。現在，生殺与奪を含む経営参謀をあくまで資金チャネルの一形態としての融資によって銀行が握ることは一般的には他の投資家との間に利益相反が生じ易く，また経営提案は融資を主体とするが故に選択肢が限定され有効性が低下する恐れがある。バブル崩壊後に指摘されてきたが，メーン・バンクは経営

（8）2018年５月発表された武田薬品工業によるアイルランド製薬会社シャイアーの買収は，日本で過去最大。買収総額は約460億ポンド（約６兆8000億円），まず米系銀行から最大308億ドル（約３兆3600億円）のつなぎ資金を借入れ，買収完了後には安定資金に切り替えるため，150億ドル程度のドル建て普通社債を発行，更に約45億ドル分を資本に一部組み入れられる円建て劣後債を発行の予定。この他，約４兆円新株発行も予定。
（9）但し，社債とは異なり有価証券でないため引き受けできる投資家に制限があり流動性に劣る。また，企業の信用力を映し出す鏡として価格透明性や指標性の面でも不十分。

危機にある企業を救済しない選択肢も持つべきであり，そう考えるのであれば，平時において銀行は企業経営を過度に縛るべきではなく，企業の社債市場へのアクセス権を容認するべきだろう。

3　銀行部門の課題

　日銀は現在，銀行の低採算融資に警鐘を鳴らしており，現在の低採算融資の拡大は将来の不良債権化リスクを孕むものと懸念している[10]。また，学者からも無理な融資拡大を危険視する指摘が目立つ[11]。確かに過剰な預金量を前提にすれば融資は不採算な案件も多く抱えることは想像に難くなく結果として資産効率の悪化が避けられない。バブル期は過剰な水準まで銀行融資が積み上がり，結果として不良債権の山を作り出し，その後処理に10年以上を要した。邦銀が自ら融資に歯止めをかけて自身のバランスシートを調整することは容易ではない。その理由のひとつに預金受入れをコントロール出来ない背景がある。預金削減が実現すれば，量的な融資維持から脱して採算性やリスク管理に基づく融資債権ポートフォリオの効率的な運営，即ちリスク対比で採算割れの恐れのある融資を減らすことが出来る。しかし，現在のところ，銀行は預貸比率を維持するために，積極的な預金削減ではなく融資増加を進めているようだ。資産運用との連携による投信商品などへの販売誘導は，現状あくまで補完的な位置づけに止まっており，一層の拡大が望ましい。

Ⅲ　資産運用ビジネスの成長

1　間接金融シフトの起点

　日本の間接金融は日本社会に文化や慣習のように根を下ろし，バブル崩壊以降もその転換が叫ばれてきたが実現しなかった。日本証券業協会が平成22年6月に「社債市場の活性化に向けて」として報告書で指摘した社債市場が活性化しない

---

(10) 日銀は金融システム・リポート（2018年4月号）で，銀行が貸出金利を信用リスク対比で低めに設定している「低採算先」貸出の比率が高まっている背景を分析している。金融機関が企業の要請に応じて約定金利を低位に設定し，金利減免に応じているだけではなく，貸出競争が激化するなかで，金融機関側から貸出金利を信用リスク対比で圧縮しながら積極的に信用供与を増やしていると指摘している。

(11) 中央大学小野教授［2018］（日経6/27掲載）は，融資拡大の背景として，銀行が預金を削減できないこと，バランスシートをスリム化出来ないことをあげ，その要因として預金金利をマイナスにできないことや預金口座維持手数料を課せないことなどを指摘した。

[法と経営研究 第 2 号（2019.1）]

主な理由は次の通りだが，主に銀行融資との競合問題，社債市場固有の問題とに括られよう。

① マクロ的な要因；長い景気の低迷もあり設備投資意欲に欠ける企業側に長期資金需要が乏しいこと。
② 銀行融資との競合；銀行側の貸出競争を背景に，社債よりも有利な条件で資金調達が可能だったこと。
③ 銀行融資に比べてデフォルト時に極めて不利なこと；コベナンツ開示の公平性の問題と優先劣後構造の問題。
④ 社債管理者が機能していないこと；デフォルト事例も少なく制度自体が銀行は企業を支援する前提のものであること。

ここにこそ「法と経営」の交差が見える。即ち，銀行融資との競合問題こそ金融システム選択に係る本質的な経営問題であると思われ，それ以外は経営環境の変化に後れを取っている会社法や制度設計の問題と理解できる。この交差部分が直接金融，即ち社債市場の活性化なのである。銀行融資との競合問題を解決するには，資産運用ビジネスが成長ドライバーとして必要であり，経営問題の起点と捉えるべきであろう。なぜなら，後述するように現在の日本では大手金融グループの多くが融資と資産運用の双方を担っており，単純に融資を減らすという経営判断はとり難い。資産運用ビジネスの成長が見込めて初めて銀行融資の適正化や競合問題の前進が見込める。企業経営を評価し信用リスク判断を迫られる銀行融資担当者らは資産運用ビジネスとも親和性が高く，人的リソースも含めた経営資源の大きなシフトが必要だ。資産運用ビジネスが，大手金融グループ経営者をして既成の金融システムからの転換を想起させると共に，社会から家計預金を受け入れ適切かつ適正な運用により果実を還元できる信頼に足る産業であると認知されるレベルまで早期に発展・成長する必要があろう[12]。

2　資産運用業界の系譜

日本の資産運用会社は欧米と比して産業としての成長余地は大きいが，キャッチアップのためには，まずは業界としてガバナンス確立，運用商品拡充を含む運用高度化が必要だ。日本の間接金融中心の体制下では直接金融市場に対峙する資

---

(12) 日本の金融機関が変わらないまま，家計が資産運用に目覚めると外資系資産運用会社だけがメリットを享受することもあり得るが，国益の観点で決して望ましいとは思えない。

産運用ビジネスが広がり難かったのは歴史的に見ればやむを得ない面があろう。業界として成長，成熟するためにはガバナンスの確立がまずは必要であるとの認識は，金融当局にも強い。平成29年３月に金融庁は運用会社などに対し要請した「顧客本位の業務運営に関する原則」で，運用会社にガバナンス強化を求めた。これまでのルールベースをプリンシパルベースに明確に転換したことを宣言し，その趣旨・精神を自ら咀嚼した上で，それを実践していくためにはどのような行動をとるべきかを求めた。例えば，原則２「金融事業者は，高度の専門性と職業倫理を保持し，顧客に対して誠実・公正に業務を行い，顧客の最善の利益を図るべきである。」あるいは，原則３「金融事業者は，取引における顧客との利益相反の可能性について正確に把握し，利益相反の可能性がある場合には，当該利益相反を適切に管理すべきである」などは，資産運用機関としては当然のことであり，敢えて「原則」とせざるを得ない処に日本の資産運用文化醸成の遅れを感じるが，業界としては真摯に受け止める必要がある。

　海外諸国，特に英米には，歴史，規模の面で存在感のある運用会社が多数ある。産業革命以前から欧州では資産家がその財産を託して運用する文化があり，その過程で自然と資産を預かり顧客本位に運用するという慣習法が社会で醸成されてきた。発展段階として言えば，産業が勃興し高度な経済成長を経て資産が蓄積される局面では国も個人もその蓄積された資産をいかに効率的に運用していくべきかが重要であることに気付いていたからだ。本邦金融当局は資産運用業界のキャッチアップを急ぐが，グローバルな資産運用会社のガバナンスは更に先を進んでいる[13]。英国の金融当局（FCA）は，規制が厳しすぎれば導入国の国際競争力が低下するとの規制導入反対派に対して，資産運用ビジネスでは規律やガバナンスの高い方に顧客は流れて競争力は寧ろ高まると説き伏せた。日本は同規制に関して当局，資産運用会社，機関投資家等，業界全体で動きがない。残念ながらグローバル基準の顧客保護は日本の遥か先を行くようだ。

　資産運用の成熟度で後れをとる背景には日本の資産運用業の成り立ちがある。

---

(13) 英国中心に欧州（EU）では，2018年より新たな規制として MiFID Ⅱ（Markets in Financial Instruments Directive; MiFID は日本の金融商品取引法に相当）が導入され，投資家保護の徹底，市場取引の透明性向上などを狙いとする。特に画期的なのは，これまで運用会社が証券会社に支払っていた株式など取引手数料の中に含まれ，顧客が負担していた証券会社リポートなどのリサーチ費用を利益相反と見做し，リサーチ費用と売買執行の分離（リサーチ・アンバンドリング）が求められたことだ。

[法と経営研究　第2号（2019.1）]

日本では，英米とは違い独立系の運用会社は少数で，大手は銀行系・証券系などの大手金融グループとして誕生，成長してきた。資産運用は投資信託と投資一任（投資顧問）とに分けられるが，投信は50年代に大手証券が系列会社として，また投資一任は80年代に銀行・証券会社などが子会社により一斉に参入した。従って，資産運用会社が社会的に認知されたのはこれ以降である。今，大手金融グループでは，持株会社傘下に主要事業体として，銀行，証券，信託，資産運用などを並列的に置く経営スタイルを採用するが，隠然たる金融業界のヒエラルキーは消えていない。銀行・証券・保険その他といった金融行政の序列通りの位置づけが長く続いており，今も資産運用業の位置付けは相対的に高いとは言えない。このため，いまでも，日本の大手運用会社のカルチャーは大別して銀行系，証券系，生保系などと称される。資産運用独自の文化の醸成が必要だ。なお，ガバナンス確立のためには金融グループ内の人事交流や金融商品の販売連携を禁止すべきとの指摘もあるが，これまでの経緯や知見を踏まえれば長期的には兎も角，現実的には難しいだろう。関連会社との取引に関して利益相反ルールをしっかり確立しモニタリング体制を構築し結果を開示することで実効性や透明性は確保出来ると思われる。資産運用業界の未成熟は間接金融からの転換の遅れと表裏一体であり，一層のガバナンス強化と地位向上を急ぐ必要がある。

3　ミドルリスク・ミドルリターンの社債投資

現在，1,800兆円に上る個人金融資産の凡そ半分を銀行預金が占める状況であるが，今後，邦銀でも預金関連で預金口座関連手数料の引上げなどに踏み切ることが出来れば，預金コントロールがより現実的になり銀行資産の効率化の好機になると思われる。その時資産運用会社が商品メニューを拡充できれば，この過剰な預金の一部は投資信託市場に向かうことが予想され，預金者，銀行共にメリットは大きい。しかし，株式運用ほどハイリスク・ハイリターンではないが，預金ほどローリスク・ローリターンではないミドルクラスの選択肢が少ない[14]。例えば，債券，特に社債運用商品がこのカテゴリーである。このカテゴリーが乏しいことは預金選好が強い日本の家計部門にとって，資産運用に踏み出す際の障害となりうる。欧米では広義の社債運用にバンクローンや比較的格付けの低いハイ・イールド債運用もあり，株式に比べてリスクが低い一方リターンは高い特性

---

(14) 国債などの運用商品はあるが，現状マイナス金利下ではプラスのリターンを確保するために長い償還までの金利リスクを取らざるを得ない。即ち，同じ満期条件で比較すれば国債投資では社債対比で十分なリターンを確保することが困難になっている。

を持つ有力なアセットクラスとして規模と存在感がある。なぜ日本で資産運用が広がらないのかという問いに対しては，直接金融が未発達であるが故に社債市場が広がらず，ミドルリスク・ミドルリターンの運用商品が乏しいからという要因は無視できない。

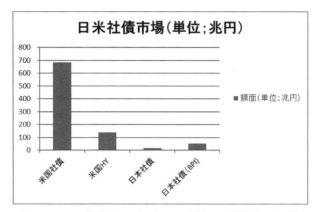

（BofA メリル債券インデックス，野村BPI資料より作成）

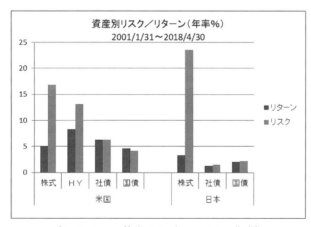

（BofA メリル債券インデックスより作成）

本邦社債市場の概要を見てみたい。本邦社債市場は無担保が解禁された現在でも市場規模が小さく且つ高格付けに偏っているという特色がある。社債市場残高を主要なインデックス（公募固定利付債券の流通市場全体の動向を表す投資収益指数）で確認すると，米国の約700兆円弱に対して50兆円程度とその経済規模を考慮しても格差は大きい。そして，日本政府の債務残高が巨額なこともあり，債券イン

デックスに占める国債ウエイトが8割を占める一方，社債は5％程度にとどまる。これではインデックス連動の運用を行う場合，事実上の国債運用になる。また，米国には，比較的格付けが低い代わりにクーポンレートが高いハイ・イールド（非投資適格）債市場が約140兆円ある。日本の場合，起債の段階でBB格以下の「低格付け」企業が起債するケースはないため，米国のようなハイ・イールド債市場は定義の上では存在しない。

但し，格付け評価の厳しさが欧米とは異なることには注意が必要だ。これは「レーティング・スプリット」と呼ばれる問題である。即ち，欧米の格付け機関による評価は日本の格付け機関よりも厳しいため同一企業の格付けでも低めになる傾向がある。例えば，ソフトバンク・グループや東芝は日系では投資適格債相当だが，米系では非投資適格債相当となる[15]。BOfAメリルによる債券インデックスと野村證券の野村ボンド・パフォーマンス・インデックス（BPI）を比較すると，日米の格付け基準相違から，残高に大きな差異が生じ，米国基準では約16兆円に過ぎないが，日本基準で見ると約52兆円（2018年3月末）となる。この差額の中には，ソフトバンクなどグローバル基準では非投資適格債が含まれ，リスク・リターンの観点では良好な運用効率を生んでいる。この層を広げ運用商品として家計部門に提供していくことに資産運用ビジネスの成長ポテンシャルがあると思う。

4　運用規制の柔軟化

運用の高度化は業界が成長する上で本質的な課題である。過剰な規制は市場の合理的な価格形成に悪影響であるだけではなく，運用力の高度化を妨げる。筆者が30年にわたり資産運用業に関る中で実務として感じていた点である。

「株式投資」は古くからあったが，今のようなポートフォリオによるリスク分散といった運用は90年代以降に広がった。債券市場では90年代以前は流通市場が事実上なく償還前の売却は困難だった。満期償還のため保有期中に時価評価する必要もなかった。その意味で債券が運用対象となりえたのは90年代以降であり，特に社債などのクレジット・リスクを運用対象としたのは90年代後半のことである。社債市場への参加者は国内の機関投資が中心であり，即ち銀行・生保・運用

---

(15) ソフトバンク：米S&P BB+格，米Moody's Ba1格，日本格付研究所A-格，東芝；
S&P BB格，米Moody's B1格，格付投資情報センター BBB-格（2018年6月現在）。

会社などに限られる。そして，これら投資家の運用ガイドラインでは，投資対象の条件として少なくとも格付け機関1社以上からA格以上（ごく一部でBBB格以上）を取得していることが多い。本邦社債市場でBBB格銘柄が極めて少ないことの背景に，事実上の投資対象の下限がA格であるという規制の存在は大きい。これは，1997年以前にあった年金運用に課されていた「5332規制」の名残と思われ，つまり，国債だけでなく社債も債券カテゴリーであれば「安全資産」としての範疇であるべきとの考え方があった[16]。例えば90年代半ばまでは比較的古くからの大口社債投資家である大手生命保険会社でも，保有する社債を時価評価せず簿価のまま管理していた。その理由は，「株式と違い，社債はいずれ償還されるから」というものであり，当時の社債に対する認識を端的に表している[17]。債券は確かにデフォルトしなければいずれ満期償還を迎えるが，満期までは決して小さくない時価変動があり，未だに「安全資産」という認識であれば改めなければならない。運用を委託するスポンサーや投資家の立場でも，また実際に運用を受託する立場でも，社債をクレジット・リスクがある投資資産として捉え直す必要がある。

　そして，この規制が投資家の合理的な投資行動を妨げている。つまり，購入後A格未満に格下げされると基本的には直ちに売却しなければならない。日本中の大手投資家が格付け会社の判断である格下げというイベント発生に対して投げ売りという一方向の投資行動をほぼ同時に行うため，当該銘柄の価格は合理的な水準を大きく突き抜けて下落することが少なくない。通常，合理的に行動できる投資家が存在すれば，裁定が働くため非合理な価格は持続しない。米国では，デフォルトを前提した回収価値に投資の軸足を置くディストレス市場が成立している。個別銘柄ベースで保有可否を格付け会社による格付けで縛るのではなく，運用資産全体でのリスク管理，例えばBBB格銘柄合計で10％までなら容認するといった，ポートフォリオ・ベースでの規制に変えていく必要があるだろう。因みに，CDS市場[18]は本来社債市場と連動すべきだが，値動きが逆のケースが散見される。これは，同市場の参加者の多くが外国人投資家であり，上記のような規

---

(16) 5332規制では，安全性の高い資産5割以上，リスク資産の株式は3割以下，外貨建て資産3割以下，不動産2割以下とされ，長期国債利回りが平均6％程度あった時代的背景から，社債を含む国内債券は『安全資産』として位置付けられていたためと思われる。

(17) 筆者は実際に生保にヒアリングした経験があり，担当者は「社債は融資の代替である」と回答している。尚，社債の時価が実勢を反映していないという別の側面もあった。

(18) CDS（Credit default swap）市場では，クレジット・リスクをヘッジするために保険料が売買されている。

制による非合理的な社債価格を収益の源泉とする投資家によるものと思われる。

5 クレジット運用者の育成

ガイドラインなど運用規制の見直しに加えて，クレジット運用者の育成を急ぐ必要がある[19]。クレジット運用者の行動を注意深く観察していると，付和雷同的な投資行動が散見される。基本的に逆張りの投資行動をとる運用者は少なく，格下げあるいは格下げを連想させるクレジット・イベント発生の場合，合理的な価値より安くなったので購入しようというバリュー判断による投資家は少ない。このため，社債の価格の動きに注目すると，価格が大きく変化するのは主に格付け会社がアクションを起こす時であることが多い。格下げや格上げだけでなく，格付けの方向性を示唆する「クレジット・ウォッチ」を発信するだけでも影響が大きい。企業業績は通常四半期毎に発表され，株式市場はその期待と実績との差で大きく変動するが，社債が影響を受けることは少ない。これは，投資家の多くが自らの投資尺度を持たず，ひたすら格付け会社の格付けを基準としている証左である。その結果，格付け会社による「格付け」変化の予想がクレジット運用者の仕事になり，本来の信用リスクの分析や社債コベナンツの分析[20]が定着しないのではないか。当然であるが，格付け会社は原則として発行体からの依頼に基づき発行体を格付けして，あくまでも一私企業としてこれを発表するものであり，投資適格相当の高い格付けを付与していても結果としてデフォルトする社債はある[21]。格付け頼みで運用している場合，運用者はその委託者への説明責任や受託者責任を果たしていると言えるのであろうか。

更には，社債の場合，発行企業は限られており誰もが知る会社が多く，価格が急落した銘柄を保有或いは購入すると，スポンサーや受益者への説明義務が生じると考えて忌避するという事情や，仮にデフォルトにまで至る場合，社債権者集会への参加など実務的な負担を回避したいなども心理的なバリアとしてあるようだ。本質的には格付け会社の格付けアクションに踊らされず，投資家が自らのバリュエーション（評価）による投資行動が浸透していないということが問題であ

---

(19) クレジット運用者とは信用リスクを判断するクレジット・アナリストやファンドを運営するポートフォリオ・マネジャー，売買執行するトレーダーらの総称である。
(20) 2007年にサッポロホールディングは本邦初のチェンジオブコントロール・コベナンツが付与された社債を発行したが，コベナンツの有無で価格差は生じなかった。本来であれば価格差があるべき同一企業の発行した条件の異なる社債銘柄が同一スプレッドで売買されていることに鑑みると投資家はコベナンツを無視或いは関心がないと推察される。
(21) 2001年に経営破綻した総合スーパーのマイカルはその前年まで投資適格債だった。

り，クレジット運用者の育成は急務だ。

Ⅵ　銀行融資との競合と課題

　資産運用ビジネスの成長が牽引する格好で直接金融への転換を推進していくべきであるが，その過程で生じる法の課題が銀行融資と社債との競合問題である。法制度として社債を融資代替から解放し，デフォルト発生を想定した銀行に頼らない仕組みに変えていく必要がある。

1　銀行融資に劣後する社債

　長く銀行による社債管理が続いた結果，社債は銀行融資に対し構造劣後する問題がある。まず，間接金融の裏面にあたる本邦社債市場の歴史を振り返っておきたい。昭和以前の古くは日本でも優良企業ほど無担保債を発行していたが，昭和2年の昭和金融恐慌で事情が変わった。この時無担保社債を中心に償還不能となる社債が相次いだため，事態を重く受け止めた政府が当時社債引受の中心的存在であった日本興業銀行と連携して有担保主義に切り替えていった[22]。この結果，昭和10年の社債発行統計を見ると，政府系等特殊債を除くと9割が担保付きとなった。そして発行総額の過半を興銀が引受け，社債の有担保化を主導すると共にその後の社債市場での支配力，影響力を確定的にした。その後第2次大戦以降も発行市場そのものを規制，コントロールする動きが見られた[23]。特に銀行の役割に着目すると，起債銘柄の決定から担保の受託会社として発行体のバランスシート管理，デフォルト時には社債の買い取りまで行い，事実上社債市場を管理・支配していた。これは，戦後復興において社債市場が未整備であったため効率的に資金を配分したい，あるいは大量の国債発行の円滑な消化を優先したい金融当局の思惑とも合致した。80年代から90年代の金融自由化の流れの中で無担保発行が解禁され，社債の有担保原則や起債コントロールによる発行市場での規制は撤廃され，銀行の役割は発行後の財務状況モニターや債権保全の権限などの流通市場での保護に変化していった。つまり，社債募集の受託会社制度から社債管理者制度に代わり，発行後の社債管理にのみ関わることになった。しかし，慣行や制

---

(22)　当時，『社債浄化運動』を推進するべく，蔵相と日銀総裁が揃って無担保社債発行に警告を発した。その後，1996年の適債基準（企業が公募債を発行する際，満たさなければならない数値基準や格付基準など発行要件）撤廃まで社債市場を規定することになる。

(23)　具体的には興銀を中心とする起債調整協議会が発行体，発行条件，額などを事細かく決定した。

度を俯瞰すれば，依然として社債が銀行融資の代替であるという考え方が関係者の多くに刷り込まれていることが分かる。

　これらは海外と比較した時に顕著であり，投資家からすればアンフェアにも映るのである。リスクの高い非投資適格社債の発行・流通は日本では極めて限定的であるが，米国にはこれらへの投資を可能にする仕組みとして社債コベナンツがあり，古くから定着している。コベナンツとは，社債発行企業の債務履行能力の維持を図るため当該企業に課された社債契約上の特約条項（誓約事項）であるが，日本の社債発行では設定されないケースが多く，また仮に設定されていても条件が融資などその他債務に比して不利でありかつ開示が不十分と指摘される[24]。これまで本邦社債に設定されたコベナンツは，主に担保提供制限条項であり，ほとんどは「社債間限定同順位」とされていた。これは，社債とは他の債務，即ち融資は対象とされていないため，社債はデフォルト時の債権回収順位に関して実質的に融資に劣後している。この点，欧米では社債と融資は優先債権クラスであればパリパス（同一順位）になっているのが一般的であり，社債の回収率は融資と差異はない。我が国の社債は，融資とのパリパスが確保されておらず，デフォルトすればほぼ無価値になるケースが多い[25]。低格付債への投資にあたっては，回収率を十分に検討しながら債券の投資判断を行なうべきだが，それには社債と融資の債権者間における公平，平等性が確保されていることが前提である。この意味で「社債間限定同順位」は「債務間限定同順位」に変えていくべきである。

　また，「社債間限定同順位」の場合，情報開示面での不利は明らかである。現状，日本では適時開示で銀行コベナンツ抵触関連の情報開示はされない。銀行は公開情報に加え融資先企業に関する相対の情報も有しており，水面下で融資コベナンツがトリガーに抵触すれば，社債投資家には知らされず銀行による保全措置が強化され，最悪の場合は社債がデフォルトする。米国では融資に関しても重要事項に該当する場合，適時開示の対象となり，デフォルト事由，コベナンツ抵触により期限の利益を喪失した場合，重要事象の発生から4営業日以内での開示が義務付けられる。重要な情報は融資も含めて公平に適時開示されることで債権者間の

---

(24) 日本証券業会では，米国を参考にコベナンツ設定の考え方をまとめている。ある一定の行為を制約する追加負担制限型と定期的に財務指標をモニターする財務維持型の2つのタイプがある。

(25) デフォルト時，米国社債の回収率は35～40％程度，一方我が国社債は10％程度と格差が大きい（Moody's調査）。

公平性を確保している。米国では1970年代には，すでにコベナンツの雛型ができていた。そして80年代にかけては現在の形に発展し，経営者が勝手に社債返済原資を減少させられないよう意図された各種パターンが雛形として出来上がっている。図表では野村資本市場研究所調査を参考にして，利用頻度が高いと思われるコベナンツに○を付した。

社債コベナンツの種類
（1）追加負担制限コベナンツ（Incurrence Covenants）

	種類	内容	投資適格債	非投資適格債
1	合併・買収・譲渡制限	継承会社が社債債務を履行しなし場合，発行会社や子会社のM&Aを禁止する。	○	○
2	セール・リースバック制限	発行会社が資産売却した上で売却先から当該資産のリースを受けることを禁止。但し，債務返済など定められた用途に使用する場合は認めることもある。	○	○
3	クロス・デフォルト，クロス・アクセラレーション	ある債務がデフォルトした場合，当該債務もデフォルトとなる（クロス・デフォルト），ある債務がデフォルトとなり資金が期限前弁済される場合，当該債務もデフォルトとなる（クロス・アクセラレーション）		○
4	担保提供制限（ネガティブ・プレッジ）	発行会社あるいは子会社が負債に対して担保を設定することを禁じる。但し，他の債務と同等の担保を設定する場合など平等性が確保されている場合はその限りではない。	○	○
5	配当制限	発行会社あるいは子会社の配当を制限，または子会社からの配当受け取りを制限する。但し，格付けが投資適格となるなどの条件を満たす場合は認められることがある。		○
6	チェンジ・オブ・コントロール	全ての資産売却，一定以上の議決権保有者の変更，取締役の過半が継続されない場合などのイベントが発生し，かつ格付けが下がった場合，定められた金額で社債を発行会社が買い戻す。		○

［法と経営研究　第2号（2019.1）］

（2）財務維持コベナンツ（Financial Maintenance Covenants）

	種類	内容	投資適格債	非投資適格債
1	純資産額維持（自己資本比率維持）	純資産を一定額以上に維持することにより，社債の償還・利払資金の確保を促すもの。自己資本比率維持のコベナンツと類似の効果がある。	○	○
2	利益維持	損失の累積に伴う発行会社の財政状態の悪化から社債権者を保護することを企図するもの	○	○
3	負債額維持，負債比率維持	負債の制限と類似の効果がある。建設・不動産業者等，構造的に多額の有利子負債を抱える発行会社で適用。	○	○
4	インタレスト・カバレッジ・レシオの維持	発行会社が経常的に金利を支払い続ける能力を維持することを企図するもの。但し，社債償還の可能性に関する指標性は低い。	○	○
5	有利子負債／EBITDA倍率の維持	買収・事業再生型ファイナンス，過去に多額の有利子負債により財政状態が悪化した経験のある場合に設けることが想定される。	○	○
6	有担保負債比率維持	従来担保付で資金調達を行ってきた場合や今後制度金融等を含めて担保付資金調達が想定される場合に，社債に対する資産のカバレッジ余力を判断するもの。	○	○
7	格付維持	信用格付業者の判断を利用して，社債権者の保護を図るもの。	○	○

（野村資本市場研究所・日証協 HP より作成）

2　デフォルト発生を前提にした制度設計

　1996年の適債基準撤廃以降,流通市場での投資家保護に係る整備は遅れていた。これは，前述の通り銀行が企業を守り抜くのであれば，社債デフォルトを想定する必要はないとい考え方によるものと思われる。しかし，現在この前提は崩れており，制度設計は抜本的な転換を必要としている。

　平成不況の中では大型のデフォルトも発生して初めて社債の制度上の不具合,

不備が露呈した。FA（フリー・エージェント）債という社債管理者を置かない発行が増え，実際デフォルトが起きると社債権者を取りまとめる管理者が不在のため投資家間で混乱が生じた[26]。またFA債ではなく社債管理者を設置した通常の社債でも融資関係を有する銀行がその管理者である場合，デフォルトが発生して初めて様々な問題が見えてきた。まず，デフォルトするとその前後で銀行としての自らの利益と投資家利益との間に深刻な利益相反リスクがあることが分かった。更には，利益相反がない場合でも社債管理者たる銀行はどこまで投資家保護を求められるのか法的な責任の重さ自体も改めて課題として顕在化した。これらの法制度の不完全性，その手当ての遅れが社債市場の成長を阻害した。具体的にはリスクの高い企業は社債発行市場から締め出され，格下げの憂き目にあった企業は再調達が困難になった。社債市場は銀行が面倒を見るという暗黙の前提が崩れた結果，浮上した様々な課題は市場関係者で広く共有され法と経営の観点から議論を進める必要が明らかになったと認識している[27]。

　より具体的に法の求める責任と範囲を見ていく。現在，会社法702条は社債権者保護の観点から社債の発行に当たって，原則として社債管理者の設置を義務づけ，社債管理者は社債権者のために発行企業の財務モニタリング及び社債デフォルト発生以後の債権保全・回収を行う。平成5年の商法改正により「社債管理会社制度」が導入されたが，制度はデフォルトを前提にしておらず銀行の利益相反問題や責任の範囲など矛盾を孕み，会社法で定める公平誠実義務（704条1項），善管注意義務（704条2項）の具体的な内容が必ずしも明確ではなく，会社法で定める利益相反行為に関する損害賠償責任（710条2項）の範囲も曖昧であるなど課題が多かった。米国事例[28]を踏まえて法制審議会の会社法制（企業統治等関係）部会において議論が進み，「会社法制（企業統治等関係）の見直しに関する中間試案」がまとめられた[29]。新制度ではより限定された範囲で社債管理を行う機関と位置付けるべきである。社債権者に対して負う義務・責任が限定されれば，社債管理者にとって責任の範囲がクリアになることでリスクが限定されると共に，投資家にとっても社債管理者に期待できることが明確になり，双方にとって大き

---

(26) 社債の最低券面額が1億円以上には社債管理会社の設置は任意という例外規定があり，主に機関投資家を対象にした普通社債には社債管理会社を置かずに，財務代理人のみで発行されるものを「FA債」又は「社債管理会社不設置債」という。

(27) 日本証券業協会「社債市場の活性化に関する懇談会ワーキング・グループ」，第3部会（社債管理のあり方等）での議論を参照している。

(28) 米国では，社債がデフォルトとなった場合，発行企業はトラスティ（米国でいう社債管理者）を通じて社債権者に通知するとともに，社債の買戻しを提案することが多い。

［法と経営研究 第2号（2019.1）］

な改善である。法定権限は債権弁済を受ける権限，債権としての届出をする権限に限定され，裁量の余地が狭められれば，公平誠実・善管注意義務も極めて限定される。また，新しい社債管理機関ではデフォルトの前後でその役割を変化させるべきである。デフォルト前はコベナンツ遵守状況等について発行会社からの資料・報告等に基づき発行体の財務状況をモニターし，トリガー抵触等の一定事象が発生した場合に社債権者への通知を行うことが求められる。しかし，デフォルト後は現行の社債管理者よりも限定された権限とするべきであろう。その際，社債管理者が単独で行う行為は債権届出等の定型・事務的なものとし，裁量の範囲が広い行為は，社債権者集会の決議を得てその社債権者の総意に基づき行うとする。これにより，社債管理者が融資債権を有する場合の利益相反を回避する仕組みになったと評価できる。米国市場と遜色ない仕組みが整備されることになる。

V　小　　括

最後に，改めて日本の金融システムのあり方について考えてみたい。改めて言うまでもないが，日本は今後少なくとも数十年単位で労働人口が減り続けることは間違いなく，日本が成長力を取り戻すためには構造的な改革が必要である。その起爆材として資産運用ビジネスを成長させて直接金融を取り入れていくべきだというのが本稿の趣旨である。

1　国際金融都市への道のり

国際金融都市の代表と言えばロンドン，ニューヨークである。国際的競争力を示す指標として世界金融センター指数（Global Financial Centre's Index, GFCI）があり，この2都市はランキングで1,2位を維持し続けている。一方で東京都は2020年までに国際金融都市になることを目指すという。産業の高度化に伴い金融

（29）同案は2018年2月28日〜4月13日の期間，パブリックコメントに付された。新制度の概要は，2017年「新たな社債管理機関等について」（日証協）に詳しい。新たな社債管理機関は，現行法の社債管理者が設置されない場合を想定して，発行体・投資家のニーズ及び担い手のフィージビリティに配慮し，又デフォルト後の社債権者の債権保全にも重点を置いた仕組みとなる見込み。法律上手当てされるべき権限としては，特に社債権者全体の権利保全といった観点から，総額での債権届出をする権限及び弁済受領権限等が必要と考えられ，権限の候補は以下のとおり。（ア）社債に係る債権の弁済を受ける権限，（イ）破産手続き等において社債について債権の届出をする権限，（ウ）社債に係る債権の弁済を受け，債権の実現を保全するために必要な一切の裁判上又は裁判外の行為をする権限，（エ）社債権者集会を招集する権限，（オ）約定権限である。

業の強化，国際化は必然であり，その方向性は正しい。しかし，現状のように日本的な金融システムに拘泥するのであれば，その道のりは容易ではない。本邦企業が生き残るために海外への直接投資を加速させる一方，海外の企業や投資家が日本に投資する時代においては，日本・東京の金融機能が弱いことは致命的だ。海外から日本の金融慣行が異質でありアンフェアであると見られる恐れもある。モデルとされるロンドンはEU離脱以降も国際金融センターを維持すると宣言している[30]。英国は1980年代の「ビッグバン」など大胆な規制緩和と金融サービスへの構造転換を成功させて今日のロンドン・シティを築き上げた。今後，東京はロンドン・シティに伍していけるだろうか。東京が国際金融都市となれば日本も英国のように経済停滞から脱出することが可能である。

2　金融システム再構築

　金融システムのあり方に関して，長年に亘り活発な議論が展開されてきたことについて改めて触れたい。日本証券業協会は「社債市場の活性化に関する懇談会ワーキング・グループ（以下WG）」を主催し，平成22年6月から同24年6月まで検討が行われた。WGでは銀行，証券会社，発行会社，運用会社，格付け会社，法律家，学者等のほか，オブザーバーとして，財務省，経済産業省，金融庁，日本銀行が参加し，市場横断的なメンバーによる検討・議論が集中的に行われた[31]。その中で特に印象的だったことは，原理主義的に直接金融が良くて間接金融が悪い，遅れていると言えるのかという議論だ。事実，証券会社や外資系金融機関からは，銀行が採算割れで中小企業に融資を続ける以上，いかに市場インフラを整備しても社債市場の裾野は広がりにくいのではないかという疑念が呈された。一方，銀行側からは性急な変革の必要はなく，リーマン・ショック後の景気の落ち込みが相対的に軽微だったことも踏まえて日本の金融のあり方には合理性があると返した。しかしながら，リーマン・ショックから約10年が経過してみて，この当時の議論を振り返ると，改めて以下を思い知らされる。金融システムの相違から確かに日本の落ち込みは軽微だったかもしれないが，米国はいち早く膿を出し切り再生して高い成長軌道に復帰したという事実だ。日本は落ち込みが

---

(30)　英ロンドン・シティ市長は，「シティは英，欧州，そして世界全体の資産でもある。文化，歴史，タイムゾーン，法制度，規制，起業サポート，財務流動性，有能な人材，一流大学，強力な官民関係，世界トップクラスのインフラなどナンバーワンの地位にふさわしい特質が揃っている。英国のEU離脱により変わるものではない。」と強みと魅力を語る。

(31)　筆者は資産運用会社の立場から同WGに参加し，議論する貴重な機会を得た。

[法と経営研究 第2号 (2019.1)]

軽微だったが一方で，現在も低成長の長期化に呻吟している。

　これまでも多くの識者から邦銀と企業の関係は欧米のそれとは異質であり，優劣の問題ではないのではないかとの問いが発せられてきた[32]。企業経営が行き詰まった時，社債投資家は売却という手段で企業との関わりを終えることが出来るが，銀行はその力が往年よりも弱体化しているとは言え，企業再建に力を貸してきたからだ。社債投資家と銀行融資は同列，同種ではなかった。この論点はケント・E・カルダー[1994] にもあったように邦銀は単なる利潤主義でなかった輝かしい歴史があるからである。また，イデオロギー的な議論としては，英米型金融は覇権国あるいは覇権経験国の狩猟的な金融モデルであり，農耕的文化が根強い日本に相容れないとする考えもある。しかし，すでに見てきたように間接金融が効果的だった時代背景は大きく変化し，日本が急速な経済・社会環境の変化を迎える中で金融先進国を目指すのであれば，金融システム，金融サービス提供のプラットフォームの再構築が必要である。間接金融の「均衡」から脱していく勇気が必要な時である。

　銀行が融資し難い新興企業でも，コベナンツ設定などにより非投資適格債市場が広がれば，市場から資金調達が可能になり，新しい産業分野への資金供給の道が広がる。資源配分は市場を通じることでより効率的になり，産業の新陳代謝が促進される。日本の不良債権問題は銀行融資の問題であり貸し手と借り手との関係整理に時間がかかった。一方，米国のサブ・プライム問題やリーマン破綻後のショックからの回復は市場における売り手と買い手の損失整理として処理され予想以上に早かった。市場メカニズムとは冷静・冷徹に産業を評価して新陳代謝を進めることである。一時的な失業の増加など政府によるマクロ的な介入，支援が必要なことも確かであるが，金融システムとしてトータルに評価した場合，社会経済が成熟し証券市場が整備された日本では市場を経由する直接金融システムに分があることは日増しに明らかになりつつある。アップル，グーグルやアマゾンなどは株式だけでなく社債発行をうまく活用して成長を加速させてきた。日本でもこのような新興企業の勃興を期待するのであれば，まず間接金融主体から脱して株式・社債発行を柔軟に選択できる金融システムへの再構築が必要である。そ

----

(32) 徳島氏の論文 [2018] では，邦銀は欧米銀行と異なり単なる金貸しではなく投資銀行的な役割から時には財務コンサルタント機能も果たし，企業とは良好な関係を築いてきており，企業も市場からの直接資金調達の必要がないとする。

して，日本の有力な金融グループが銀行融資を適正化すると共にそのリソースを資産運用ビジネスにシフトさせていくためには，資産運用業の成長期待を高めていくことが不可欠であろう。

　これまで筆者が資産運用ビジネスに関った30年間を振り返ると変革は言うは易いが，予想以上に難しく長い時間がかかるという現実を何度も思い知らされてきた。過去から幾度と資産運用業界は欧米のように飛躍的に成長するという意気込みと期待を抱いてきたが，残念ながら期待を下回る30年であった。しかし，これからは先送りが許されない時代となる。国際競争への参戦どころか少子高齢化が及ぼす社会へのインパクトを吸収するために日本社会は変化が避けられない。法と経営の交差部分にあたるのが直接金融或いは社債市場であり，法と経営が変われば金融は変わる。そしてそれが日本の社会に予想以上の化学反応を引き起こし，日本が活力を取り戻すことを強く期待している。

［付記］　本稿は個人的な研究成果を発表するものであり，筆者の属する組織の見解を示すものではありません。

引用文献

高橋亀吉・森垣淑［1993］『昭和金融恐慌史』講談社

ケント・E・カルダー［1994］『戦略的資本主義 —— 日本型経済システムの本質』日経新聞社

野口悠紀雄［1995］『1940年体制 —— さらば戦時経済』東洋経済

池尾和人［2006］『開発主義の暴走と保身 —— 金融システムと平成経済』NTT出版

後藤文人［2014］『日本クレジット市場の特徴と投資分析』中央経済社

森まどか［2009］『社債管理者の義務と責任 —— 実効的な権限行使のために』中京法学

日銀レビュー［2010］『我が国における社債市場の活性化に向けて』

日銀レビュー［2004］『ゼロ金利下における社債市場構造』

日本証券業協会［2016］社債市場の活性化に向けたインフラ整備に関するワーキング・グループ『社債権者保護の在り方について —— 新たな情報伝達インフラ制度及び社債管理人制度の整備に向けて』

日本証券業協会［2017］社債市場の活性化に向けたインフラ整備に関するワーキング・グループ『社債権者補佐人制度にかかる社債市場要項及び業務委託契約について』

法制審議会会社法制（企業統治等関係）部会第四回会議参考資料［2017］『社債管理の在り方に関する見直しについて —— 社債管理実務からの意見・要望』

大類雄司［2018］『社債市場での銀行の役割と今後の展望』証券アナリストジャーナル

徳島勝幸［2018］『なぜ日本にハイ・イールド債市場は生まれないのか』証券アナリス

トジャーナル

野村資本市場研究所［2010］『米国の社債に付与されるコベナンツの内容と開示の状況』日本証券業協会，社債市場の活性化に関する懇談会第2部会資料

野村證券［2010］『社債管理者に期待する役割及び業務』日本証券業協会，社債市場の活性化に関する懇談会第3部会資料

多賀大輔［2017］『社債の管理のあり方の見直し ── 法制審議会の検討開始によせて』

花崎正晴，堀内昭義［2006］『銀行融資中心の金融システムと企業統治 ── 金融自由化によって銀行の機能は弱体化したか』日本銀行ワーキング・ペーパーシリーズ

大橋英敏［2013］『社債市場の現状と課題 ── ハイ・イールド投資家の視点から』日本証券業協会，社債市場の活性化に関する懇談会資料

三井住友銀行［2010］『社債管理者について』日本証券業協会，社債市場の活性化に関する懇談会第三部会資料

原田泰・鈴木準［2005］『人口減少社会は怖くない』日本評論社

金融庁HP［2017］『顧客本位の業務運営に関する原則』

ウエスタン・アセット・マネジメント株式会社HP［2011］『ハイ・イールド債のコベナンツ（財務制限条項）入門』

日本興業銀行年誌編纂委員会［1982］『日本興業銀行七十五年史』

Financial Conduct Authority［2014］『DP14/3 Discussion on the use of dealing commission regime: Feedback on our thematic supervisory review and policy debate on the market for research』

Financial Conduct Authority［2015］『Feedback statement on DP14/3 – Discussion on the use of dealing commission regime』

Financial Conduct Authority［2015］『Developing our approach to implementing MiFID II conduct of business and organizational requirements』

Financial Conduct Authority［2017］『Consultation Paper on Industry Codes of Conduct and Discussion Paper on FCA Principle 5』

コラム 2　短期売買の抑制による流動性への影響

脇屋　勝

（日本取引所グループ）

　近年，情報技術の発展によって，アルゴリズム取引や HFT（High Frequency Trading）が広がり，マーケットを取り巻く環境は絶え間なく変化している。他方で，こうした HFT に代表される短期売買を批判する声があるのも事実である。その中には，短期売買はマネーゲームに過ぎず，他の投資家のみならず企業にとっても有害であり，短期売買の抑制策導入や，より長期に株式を保有する株主を優遇するマーケットを作るべきとの主張もある。しかし，このようにマーケットから短期売買を排除することで，より良いマーケットへと変えることが可能なのであろうか。本コラムでは，短期売買を排除することによる影響を流動性の観点から考えてみたい。

　一般的に，流動性が低い銘柄は，取引コストが高くなるため，投資家は当該銘柄に対して高い要求収益率を求める。Amihud（2002）をはじめ多くの先行研究で，流動性が低い銘柄の要求収益率が高くなることが報告されている。この要求収益率は割引キャッシュフロー（DCF）法等で用いられる資本コストを意味するため，流動性は企業価値にも影響を与えることも知られている。この流動性と要求収益率（資本コスト）の関係を踏まえれば，流動性は，投資家のみならず企業にとっても重要であることがわかる。

　HFT による短期売買をマーケットから排除した場合，流動性にどのような影響があるのだろうか。短期売買には，情報をいち早く価格に反映する役割に加えて，流動性の供給といった役割がある。その中でも HFT は流動性を供給するマーケットメイカーに類似する役割を果たしている（Menkveld 2013）。これに基づくと，HFT による短期売買をマーケットから排除することは流動性の低下に直結することが予想される。

　この点，金融庁（2016）においても，市場取引の円滑に資する HFT までも一律に排除することは適当ではないと述べられているが，他方で，市場のボラティリティの急激な上昇等への懸念も指摘されている。これらを踏まえて，金融商品取引法が一部改正され，2018年4月から HFT の登録制度が導入された。これは，HFT を行う者に対して必要な体制整備及びリスク管理義務等を課した上で，当局が取引実態等の確認を可能とすることを目的としている。本制度の導入を受けて，東京証券取引所や大阪取引所においては，HFT に対するシステム変更やリスク管理機能の拡充等を行っている。

　このように，日本の HFT 登録制は現時点では HFT のマーケットからの排除

を目的とはしていないが，この他に短期売買をマーケットから排除する効果を持ち得るものとして，税制が挙げられる。大野・林田（2012）では，個人投資家の売買が株式譲渡益課税によって負の影響を受けることを実証的に明らかにしている。この結果を踏まえると，例えば，個人所得課税の一つである株式譲渡益課税について，短期売買のみ税率引上げ等の課税強化を行った場合，個人投資家が短期売買を控えることで，流動性が低下すると考えられる。

　流動性が低下する背景として，まず，個人投資家の売買では短期売買の比率が高いことが挙げられる。東京証券取引所（2017）によれば，個人投資家の売買代金に占める信用取引の割合は，市場第一部や新興市場（マザーズ及びJASDAQ）では約60〜65％の水準にまで高まっている。信用取引は制度信用取引の返済期限が最長6か月とされるなど，ほぼ短期売買と見てよい。さらに，全体の売買代金に占める個人投資家のシェアの高さも流動性が低下する背景として挙げられる。当該シェアは，市場第一部で約18％であるのに対して，両新興市場では約66％と極めて高く，個人投資家による短期売買の減少とそれによる市場の流動性低下の影響は，特に新興市場において大きくなると予想される。特定の投資家層の売買が手控えられれば，マーケットで売買しようとする投資家の投資行動の多様性が失われるため，売買が成立しにくくなるだけではなく，相場が一方向に動きやすくなる等，流動性の問題が顕在化する恐れがある。

　流動性は，投資家の直接的な取引コストだけではなく，要求収益率を通じて企業価値や企業の投資判断にも影響を与えるため，マーケットには十分な流動性が供給されていることが望ましい。そのため，流動性供給において重要な役割を持つ短期売買を排除した場合，流動性の低下を招く側面もあり，マーケットで取引する投資家のみならず，企業にも負の影響を与えかねない。

　以上の点を踏まえれば，短期売買の排除については，実証的な研究結果も勘案した上で，慎重に議論を重ねていく必要があるのではないだろうか。

参考文献

Amihud, Y. (2002). Illiquidity and stock returns: cross-section and time-series effects. *Journal of financial markets, 5* (1), 31-56.

Menkveld, A. J. (2013). High frequency trading and the new market makers. *Journal of Financial Markets, 16* (4), 712-740.

大野裕之・林田実（2012），『株式税制の計量経済分析』勁草書房。

金融庁（2016），「金融審議会市場ワーキング・グループ報告〜国民の安定的な資産形成に向けた取組みと市場・取引所を巡る制度整備について〜」。

東京証券取引所（2017），「投資部門別 株式売買状況」。

［付記］　コラムの内容や意見は執筆者個人に属し，日本取引所グループ等の公式見解を示すものではありません。

3 明治・大正期における地方銀行の
与信判断について
── 製糸資金貸出計画書にみる第十九銀行の事例

三澤　圭輔

Ⅰ　は じ め に
Ⅱ　第十九銀行の製糸金融
Ⅲ　製糸資金貸出計画書と与信判断の実際
Ⅳ　1914年〜1920年（大正3〜9）の与信行動
Ⅴ　与信判断の背景
お わ り に

Ⅰ　は じ め に

　銀行における与信判断とは債務者の資力・経営態度・技術力・販売力等を調査・審査して融資実行の可否を決定するものである。現在の銀行では取引先より財務諸表等[1]の資料提出を受け，それらからまず財務諸表分析などの定量評価を行なった後，経営能力・技術力・販売力等と外部情報に基づく定性評価を加味して信用格付を決定する。この信用格付をもとに与信額限度の設定・適用金利・融資の可否の決定を行い融資実行後はローン・レビューによって債務者の状況を把握するというプロセスを経る信用リスク管理・与信審査のシステムが構築されている（大久保 2003，399-465）[2]。

　本稿は，我が国に財務諸表分析が導入される[3]前の明治・大正期においてどのような指標や事柄に重点を置いて与信判断を下していたのかを明らかにし，その

（1）金融機関が取引先より提出を受ける資料には決算書（申告書，別表，附表を含む），金融機関取引状況表，売上仕入状況（受注発注状況）表，試算表，資金繰表等がある。

（2）信用格付をもとにした審査システムについては画一的な与信判断の行き過ぎが問題視され平成26年10月，「地域金融機関等による事業性を評価する融資の促進」が金融庁から発表された。現在，金融検査マニュアルの廃止など企業の持続可能性を含む事業性を重視した融資への改善が進行中である。

（3）財務諸表分析は大正末期から昭和初期にかけて財務諸表を活用する外部分析としてアメリカから導入された（友岡 2011，190）。

[法と経営研究　第2号(2019.1)]

与信判断や与信行動の背景を探ることを課題としている。調査対象として，戦前において長野県の製糸家を支援育成したとして知られる第十九銀行を取り上げる。

戦前における地方銀行の与信判断を取り上げた先行研究は極めて数が少ない。齋藤が埼玉県の地方銀行の貸出稟議書等を検証し，昭和初期において現在の審査手法とほぼ同様の方法がとられ，信用調査には興信所を使用していたことを解明するとともに興信所においては格付符号の使用がみられることを明らかにしているのみである（齋藤 2000）(4)。一方，第十九銀行の製糸金融についての主な先行研究には山口，伊藤，金城らのものがある。山口は「同行は毎季相当綿密かつ厳重な査定を行っており，そのための査定簿を作成し各製糸家ごとに個別に調査と査定をしている。」と現在の自己査定に似た同行の与信行動の一端を明らかにしているものの，同研究は日本の産業を牽引した製糸業の発展に対する製糸金融の寄与の解明を主たる目的にしており研究当時は護送船団方式といわれた金融行政下で自己査定そのものが存在せず銀行の信用格付やローン・レビューの視点での記述はない（山口編 1966）。伊藤は同行を重層的な製糸金融構造に依存した都市銀行の従属的な存在としてとらえ，長野県下における地方銀行問題や銀行動揺を大正9年反動恐慌以降の過程から都銀従属体制の完成として地方銀行の構造を解明している（伊藤 1975）。金城は大正9年反動恐慌時の日本銀行と第十九銀行の対応をよりミクロなレベルで分析を行い，担保（繭担保）という新たな視点から日本銀行信用への接続に支えられた製糸金融システムを解明して，第十九銀行が高い金融技術を持った存在であったことを実証している（金城 2017）。いずれも同行の「製糸資金貸出計画書」(5)を使用したすぐれた研究であるが，具体的な与信判断の過程や与信行動とその背景についての言及が少ない。したがって，自己査定制度が定着した今日において，信用格付やリレーションシップバンキングを踏まえて，より具体的な与信判断の過程を考察することで同行の与信行動の実際を明らかにし，その与信判断の背景を探るという本稿の目的は，先行研究の隙間を埋めることとなり有用であると思われる。

本稿では，まず第十九銀行の製糸金融の構造と特徴をみる。次に1908（明治41）年から1920（大正9）年を主な調査期間として「製糸資金貸出計画書」に加え「長野縣山梨縣製絲業視察復命書」をもとに与信判断の実際(6)を明らかにする。そして，第一次大戦勃発から大戦ブーム終焉までの間の与信行動の特徴を考察し

（4）調査史料は，武州銀行，飯能銀行，忍商業銀行，第三十六銀行の貸出稟議書等（埼玉県立文書館所蔵史料）である。

（5）第十九銀行を前身にもつ八十二銀行には，1908年（明治41）から1930年（昭和5）までの「製糸資金貸出計画書」が保管されている。

たのちに，同行への資金供給行であった日本銀行・横浜正金銀行や大手市中銀行との関係から与信判断の背景に迫りたい。

II　第十九銀行の製糸金融

1　第十九銀行の特徴

　第十九銀行は1877（明治10）年に第十九国立銀行として設立された。同行は貸出原資を自己資本や預金によるのみでは一時に多額の資金が必要となる製糸資金に対応することができず，貸出原資の大半を日本銀行・横浜正金銀行や大手市中銀行からの借入金に依存した。この貸出原資を他行からの借入で賄う形態は，製糸金融を取り扱った長野県・山梨県・岐阜県の有力地方銀行でも同じ傾向がみられるが[7]，その中でも第十九銀行の預貸率の高さは際立っている（表1）。第十九銀行のように終始借入依存率が著しく高い銀行は他にみあたらないとされ[8]，製糸業が国の重要輸出産業であった戦前においても同行は特異な存在であった。

表1　主要製糸金融機関の諸勘定・預貸率の推移　（単位：千円，％）

本店所在地	銀行名	1895年 （明治28） 1889年 （明治32） 上期末 1904年 （明治37） 1930年 （昭和5）　＊第十九，六十三のみ							1895年 （明治28） 1889年 （明治32） 下期末1904年 （明治37） 1930年 （昭和5）　＊第十九，六十三のみ						
		資本金	積立金	預金	借用金	貸出金	有価証券	預貸率	資本金	積立金	預金	借用金	貸出金	有価証券	預貸率
長野	第十九銀行	200	74	203	265	1,109	212	546.3	200	81	189	161	434	210	229.6
		600	50	299	589	1,841	132	615.7	700	76	444	302	1,184	189	266.7
		937	209	618	3,121	4,802	178	777.0	937	329	785	110	1,998	189	254.5
		15,000	4,175	14,262	11,407	31,031	6,758	217.6	15,000	4,210	12,342	9,309	27,879	5,489	225.9
	六十三銀行	150	30	122	145	305	144	250.0	150	31	255	38	267	156	104.7
		300	26	685	166	943	116	137.7	300	33	961	105	1,096	190	114.0
		600	85	1,050	821	2,167	193	206.4	600	87	1,288	133	1,750	197	135.9
		11,625	2,761	27,719	250	26,963	9,214	97.3	11,625	2,858	20,236	1,700	22,349	7,843	110.4
山梨	若尾銀行	300	14	237	250	672	188	283.5	300	24	348	100	560	305	160.9
		500	30	502	750	1,669	228	332.5	500	45	608	600	1,371	364	225.5
		500	110	708	1,390	2,162	576	305.4	500	115	884	1,200	2,032	662	229.9
岐阜	第十六銀行	200	78	470	230	367	509	78.1	200	81	491	149	230	507	46.8
		400	8	827	11	650	335	78.6	400	17	895	66	816	458	91.2
		819	112	1,793	507	2,200	444	122.7	819	122	1,807	0	1,849	607	102.3

石井［1999］208-209および八十二銀行［1983］106-111より筆者作成

（6）債務者名の記載等にあたっては制限を受けるものがあり，先行研究で公表されている　　債務者以外については本稿中に具体名を避けている箇所があることを承知願いたい。

（7）（石井 1999, 217-222）。製糸金融を取組んだ有力地方銀行としては第十九銀行の他，　　六十三銀行・信濃銀行（長野県），若尾銀行・第十銀行（山梨県）十六銀行（岐阜県）が　　ある。

（8）（石井 1999, 207-209, 221）第十九銀行の1904年上期での借入金は3,121千円で金額ベー　　ス全国第2位（第1位は北浜銀行の3,305円），依存率は153.9％で全国1位である。

61

2　製糸金融の構造

　製糸金融の構造は図1のとおりであるが，製糸資金の直接の供給者である問屋と地方銀行の背後には日本銀行・横浜正金銀行と大手市中銀行が問屋・地方銀行双方の情報を知りえる立場で貸出原資の供給者として存在していたことがわかる。問屋の製糸金融には，荷為替立替金と原資金の信用供与にあたり問屋からもたらされる情報によって間接的に日本銀行，横浜正金銀行および大手市中銀行が製糸家を監視するシステムが確立し，かつ同銀行から信用供与された問屋を一次供給者とする重層的な金融市場が横浜において形成されていた。同様に荷為替前貸の信用供与についても地方銀行が貸出原資の多くを日本銀行・横浜正金銀行や大手市中銀行からの調達で賄ったことから地方銀行の製糸金融についても同銀行からもたらされる情報によって間接的に日本銀行・横浜正金銀行および大手市中銀行が製糸家を監視する重層的な構造が成立していた。問屋と地方銀行は製糸家に対する与信者であると同時に貸出原資の受信者でもあり資金調達行からの監視を受けるという構造を製糸金融は持っていた。

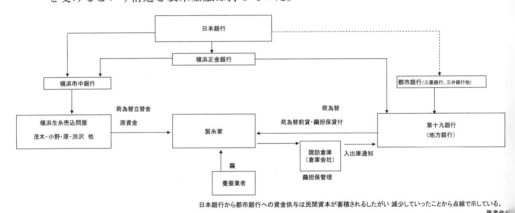

図1　製糸金融の構造

3　第十九銀行の製糸金融

　第十九銀行の融資形態には為替手形割引，約束手形貸出，当座貸越，前貸小切手などがあったが，特徴的なものは丙貸と呼ばれた繭を担保とする当座貸越である。丙貸は貸越極度額を定めず担保繭が入庫の都度，極度額を算定して随時貸出に応ずる仕組みの形態で，同行傘下の諏訪倉庫の存在がこの特異的な貸出を可能にした。同倉庫の役員は第十九銀行の役員と同一で[9]，株主は片倉兼太郎（片倉

組），小口善重（小口組）など諏訪地方の有力製糸家をはじめとする多くの諏訪系製糸家で構成されていた。第十九銀行は諏訪倉庫と特約を結び，製糸家から繭が入庫されると同行宛に「入庫通知書」が同倉庫から送付され，それと同時に予め定められている掛目に応じて貸出を行った。第十九銀行は同倉庫の稼働によって繭の入庫と同時にそれを担保として繭購入資金を貸出するという融資拡大の機動力を得るとともに入庫出庫通知によって同倉庫を利用する製糸家の生産工程状況をリアルタイムで監視下におさめることが可能となった。また製糸家も同行の監視下には置かれるものの迅速な繭購入資金の借入を得られることになった[10]。

　同行が行った繭担保融資は，現代の ABL[11] に相当する。ABL は保全面での効果の他に債務者のモニタリングが可能となることが評価されているものの債務者の一部には第三者保有債務への担保設定による風評被害等を恐れ抵抗感がある[12]。これに対し，諏訪倉庫の株主は製糸家達で構成されており債務者側に抵抗感がなく積極的に利用されたことから同倉庫を通しての情報によるモニタリングは ABL 以上に有用なもので同行の製糸金融に多大な貢献をしたと思われる。

　当時の製糸業は，業績が生糸相場に大きく影響され「生死業」と揶揄されるほど損益の幅が大きく，製糸家も相場師的な性格を内在していた。これに対し同行は，製糸家に成行での出荷を指導し問屋とは生糸市場の動向について情報交換を行ってリスクの低減に努めた。第十九銀行の製糸金融は銀行・製糸家・問屋の三者がそれぞれのリスクの低減を図りつつ個々の長期的利益を追求するために経済的協力関係を築くことで，情報の非対称性の解消を目指すというもので，諏訪倉庫は同行の担保管理およびモニタリングを補完する役割も持っていた[13]。

（9）代表取締役社長黒澤鷹次郎（第十九銀行頭取），常務取締役箕輪五助（第十九銀行常務取締役），取締役飯島保作（第十九銀行常務取締役）。

（10）同行には優良製糸家を対象とした繭を担保としない乙貸という当座貸越もあったが「得意ノ多クハ金融ヲ得ンノ為止ヲ得スシテ寄託スル現況ナル」「寄託ノ繭本年ハ最高三万石ヲ超過スベキ見込ナリ，三万石ノ繭ハ百弐十万円乃至百五十万円ノ価アルベシ，県下大銀行ノ預金額之に及バザルモノ多シ」（諏訪倉庫 2013，46-47）とあるように同行取引先の多くが諏訪倉庫を利用したことから同倉庫の入出庫状況等によって繭担保を利用しない製糸家の行動も間接的にモニタリングできたと考えられる。

（11）Asset Based Lending：動産・債権担保融資。企業の商品や在庫など，動産や売掛債権を担保に資金を貸出す仕組み。中小企業等が経営改善・事業再生等を図るための資金や，新たなビジネスに挑戦するための資金の確保につながるよう金融庁においても利用を推進している（金融庁 2013）。

（12）（帝国データバンク 2017）。

[法と経営研究　第2号（2019.1）]

Ⅲ　製糸資金貸出計画書と与信判断の実際

1　製糸資金貸出計画書について

「製糸資金貸出計画書」は第十九銀行が各年度の資金調達計画の策定を最終目的として取引先の把握と査定を行った資料の綴りである[14]。同書は貸出稟議書ではないが，当時の債務者の取引状況・債務者の経営情報・同行本部の指示事項等が記載されており当時の与信判断の実際を分析することができる。

製糸資金貸出計画書は，概ね次の構成となっている。

a. 凡例（綱要）

本部からの製糸資金貸出に関する指示を凡例（綱要）として貸出計画策定のガイドラインを示したもの。債務者振出の自己宛為替手形の要件（一件あたりの手形金額上限）や担保徴求事項の指示も記載されている。

b. 受入総金繰表

5月15日現在の自行数値を基礎として受入額（担保品有高・東京支店余力・為手再割高・約手再割高等）と支払額（準備公債・東京支店以外支払準備高・荷為替資金・質籠貸出予想額等）を計算した資料。

c. 担保品有高表

同行が資金調達の際に差入する予定の担保品（公債・株券）の有高表と差入予定先の行名一覧。

d. 東京支店為手再割予想表

同行の資金調達の主な窓口となっていた東京支店が日本銀行等為手割引を申込む予定銀行とその予想額一覧

e. 東京支店借入先予想表

為手再割以外の調達予定銀行と予想額の一覧。

f. 日本銀行公定利率

日本銀行の貸付・割引・貸越の利率推移一覧。

---

(13) 諏訪倉庫百年史には，後に同倉庫が買収した川岸倉庫について「川岸倉庫㈱は，営業開始したが経営者の倉庫業に対する知識が乏しかったため㈱第十九銀行は，川岸倉庫㈱の保管貨物に対しては一切融資をおこなわなかった」との記載がある。ここからも同行が諏訪倉庫を重視し，同行のコントロール外にある倉庫業者に信任を与えていなかったことが読み取れる（諏訪倉庫 2013，63）。

(14) 表題は年度によって「製糸資金貸出人別帳」や「運資」など異なっているが，黒澤，飯島，箕輪ら各役員が計画内容を確認決裁した後自らの名前を付して記したものである。本稿では各年度の表題によらず「製糸資金貸出計画書」と総称する。

3 明治・大正期における地方銀行の与信判断について〔三澤圭輔〕

g. 借入利率予想

　資金調達銀行の予想利率。

h. 実施利率表

　同行融資取引先の貸出形態別利率実績と当該年度の予想利率

　1917年（大正6）からは格付符号が付されている。

i. 前手打歩予想表，繭質貸利率予想

　前貸小切手・為替取組の予想手数料率と繭担保貸付の予想利率を債務者，支店別に予想したもの。

j. 取引人別表

　取引先別の製糸資金貸出予定の一覧。

k. 査定簿(15)

　債務者ごとに取引状況等を記載したもの。例として1917年（大正6）の査定簿をあげると図2のとおりである。

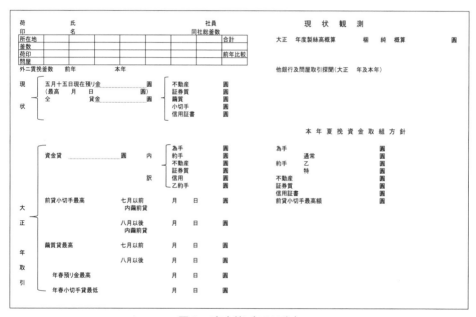

図2　査定簿（1917年）

---

(15) 一次資料には「査定簿」と明記されていないものの，記載内容は取引先の査定簿に相当することから本稿ではこの名称を使用する。

l．その他

　査定にあたっての役員のメモや債務者の動向に関する書類が綴り込まれている年度がある。

2　凡例（綱要）からみる製糸資金貸出の基本方針

　同計画書の凡例（綱要）は，当該年度の同行貸出計画書策定の実施要項と貸出方針の概要であり現在の銀行において毎期初毎に出される融資部・審査部方針に該当するものである。この凡例から同行の査定作業の工程が判る。

　1908年（明治41）の凡例（綱要）を揚げると次のとおりである。

【史料1】明治四拾壱年春繭仕入資金概算豫定書

「一、春繭仕入ハ五月下旬ニ始マリ七月廿日ニ終ルヲ以テ此ノ期間ヲ以テ第一期トシテ計画書ヲ作ル夏秋繭仕入ノ時期ニ至レバ更ニ第二期トシテ計画ヲ定ムル見込ミナリ

　一、資金要求額ハ別紙見本ノ如キ製糸家ノ提出シタル予定書ヲ参酌シテ仮リニ別表ヲ作ル但シ問屋ノ資金供給額多クハ未定ニシテ繭需亦定マラザルヲ以テ今後金融状態ニ照シテ各人毎ニ協定スルハ勿論ナリトス

　一、製糸家一般ノ豫想スル所ハ本年度ノ糸儒ハ到底著キ昂騰ナリ又活発ナル実行見ザルベキモ此上甚ダシキ下落ナリ繭儒ハ金融ノ閉塞ニヨリ糸ニ比シテ割安ナルベシト思推スルモノ多シ従テ仕入ヲ急ガズ徐々トシテ買入ヲ為スモ相當ノ利益アルベシト見込ムモノノ如シ

　一、別表貸付金ハ七月廿日ノ最高時ニ於ケル貸金高ヲ定メタルモノニシテ此外総額ニ於テ約廿四五万ハ五月十六日以後月末迄ニ回収シ更ニ同額ヲ貸シ出ス豫定ナリ

　一、荷為替ハ昨年度毎日七万八千乃至八万五千ノ間ナリシガ為替金額ノ減少及解舒ノ昨年ニ如カザル恐レアルニ付一日五万円乃至六万円ト見做シ三十日間（自六月廿日至七月廿日）百五十万乃至百八拾萬円ハ夏ニ転シテ仕入資金トナルベキ豫定ナリ」

　以上のとおり，春繭を第1期として夏秋繭を第2期として貸出計画を策定しており，その計画は製糸家各人から借入要望書を提出させその予定額の妥当性を現状の糸価格と繭価格および需要予想に照らし合わせて仮決定していることが判る。また5月15日現在の貸付残は当月末までに一旦は回収することが記載され現在残の融資を底だまり資金として許容しない方針も窺われる。荷為替については1日あたりの発生予想額を算定して，夏には同額相当が仕入資金となることを見

3 明治・大正期における地方銀行の与信判断について〔三澤圭輔〕

夏 秋 繭 仕 入 計 劃

氏

大正十四年七月三十一日現在

名 ．．

現
　△春繭仕入高　　　　　　　　　梱(着　　　掛　　　分)
　　一〆平均　　　　　　　円　　銭　糸量　匁　　分　　厘
　△本日迄ノ製造高　　　　　　　梱　夏挽開業　　　　月　　日
　　運転釜数　　　　　　　　釜　一日ノ平均工程釜当リ　　匁　　分
況
　△現在原料残高　　　　　　　　梱(内工場運転　　梱)
　　今後一日ノ工程釜当リ　　　　匁　　分トシテ　　月　　日迄繰糸シ得

○本年中ノ所要原料トシテ今後買入ルヘキ数量
　　　　月　　日迄　　　日間　一日　梱トシテ　　　　　梱
　△掛目豫想　　　掛　　分トシテ此所要資金総額　　　　　　　　円
　△此資金調達方法下記ノ通リ
　　一〆匁　　　　円　　銭ノ予想　　枡廻リ　斗　　升　　合
　　一石ニ対シ　55円担保借ノ予定

備　考　　本日迄ノ横浜出荷　　　　梱　　　　円為替

　　　　　内賣却　　　　　　　　梱　此賣上平均　　円　　銭

図3　夏秋繭仕入計画（1925年）

［法と経営研究 第2号（2019.1）］

込んでいる。借入要望書は現存していないため内容が不明であるが，時代は下るが1925年（大正14）の夏秋繭仕入計画のひな型（図3）が残されており，前期糸年度の生産状況，今後の原料仕入計画，必要資金額の状況を各製糸家から提出させていたことが判る。凡例（綱要）には問屋から製糸家へ提供される運転資金について触れられておりまた「各人毎ニ協定スル」と記載されていることから融資額の最終決定は問屋からの資金供給額を見定めて行われ，その後，製糸家へ当該年度の融資決定額を提示していたことが判る。この債務者から経営状況に関する資料の提出を受け一先ごとに前年取引実績と現在の取引状況を比較して経営状況を審査した上での資金需要に対する融資方針決定を行うという査定の工程は，現在の自己査定[16]の工程と酷似しており，取引状況などが記載された査定簿は自己査定や金融検査で作成されるラインシートの記載項目[17]に近いもので，現在の銀行の融資審査制度と似た形態が少なくとも明治末期から大正初期までに確立されていたことがわかる。

3　査定簿の記載項目からの分析

査定簿の記載項目の特徴とそこから得られる分析は次のとおりである。

a. 釜　数

第十九銀行では，明治後期までには標準的な必要資金のデータ蓄積がなされていたことが明らかになっている（表2）（箕輪 1906, 21 – 37）。また日本銀行の製絲業視察復命書（森脇／堀越 1907）に同行からの聴取事項として必要な生産費とその調達についての記載が残っており，当時，製糸家の釜数を調査することで概ね必要となる運転資金額を把握することができたことが判る。

【史料2】製絲業視察復命書（第四節 – 62頁）

「製糸家ノ要スル資金ハ其釜数ト年々ノ生産高トニ依リテ一定ノ限度ヲ測定スルコトヲ得、一釜ニ要スル繭買入資金ノ中地方銀行家ノ融通高ハ概ネ其三分ノ一以下即チ若シ一釜ニ付春繭買入資金ヲ六百圓トセハ二百圓以下ニ止マリ」

---

(16) 自己査定とは1998（平成10）年4月から導入された早期是正措置に対応するため，各金融機関が自己資本比率を算出するにあたり自ら実施する貸出資産等の査定，引当・償却作業をいう。各金融機関は金融検査マニュアルに基づいて，自行の自己査定基準を策定し，自行の資産内容について査定を行っている。（銀行研修社編 1997），（検査マニュアル研究会編 1999）。

(17) ラインシートは，貸出金調査表・債務者の概況・資産負債調内訳表・不動産担保合計表等で構成される。貸出金調査表には査定基準日現在の貸出金明細・期別預貸金推移・保全内訳・自行シェア・資産負債調等が記載され，債務者の概況には業績や今後の与信方針が記載される。

3 明治・大正期における地方銀行の与信判断について〔三澤圭輔〕

表2　明治後期の工費一覧　　　（単位：円）

費目	高	低	平均
工女繰絲賃金	31.00	19.5	23
公男其地諸給与	10.00	7.5	8.5
賄費	17.00	10.5	13
薪炭費	16.50	10.5	12.5
諸雑費	5.50	3.5	4
再繰費	9.50	6.2	7.5
固定資本償却	10.00	6.3	8
生産費計	99.50	64	76.5
為替打歩	1.75	0	1.2
金利	25.00	13	15
金融費用計	26.75	13	16.2
合計	126.25	77.00	92.70

箕輪五助［1906］より筆者作成

b. 問　屋

　同行の融資金は問屋からの売上代り金が回収財源であったことから，どの問屋と取引をしているかの情報は必要不可欠であった。同行が製糸資金を問屋への売上金に紐付けさせることを前提として問屋の動向に注意を払って与信判断を行なっていたことが次のとおりに明らかになっており自行のコントロールから外れる行動をとる製糸家に対しては注意を払っていることが判る。

【史料3】製絲業視察復命書（第四節−63頁）

　「地方銀行家ハ製糸家ト尤モ近接シテ常ニ其業務ヲ調査シ、其信用程度ヲ熟知シ居リ、且ツ信用薄弱ナルモノニ對シテハ繭担保、土地、工場、有価證券等ヲ担保ニ提供セシムルニアラサレハ貸出ヲナサス又信用貸ヲナスニ當リテモ荷為替ノ取組ハ必ス自己ノ銀行に依頼スヘキ条件ヲ付スルヲ以テ（殊ニ第十九銀行ニ於イテハ常ニ横濱ニ於ケル売込表ニ注意シ、自銀行ノ手ヲ経スシテ横濱ニ出荷シタル製糸家ナキヤ否ヤヲ調査シ居レリ）」

c. 現状取引・前年取引

　現状取引の基準日は5月15日現在で記載され，その下に前年取引の実績（貸出最高額）が資金貸・前貸小切手・繭質貸等に分けられて記載されている。生糸年度は毎年6月から5月末までの間で，毎年5月中旬になると各地で春繭の市が立ち始めて7月に繭仕入のピークを迎え秋繭の繰糸が終わる12月には製糸家は工女

69

［法と経営研究　第2号（2019.1）］

たちを帰省させ翌年度の準備を行った。したがって基準日5月15日は債務者の前
年度営業実績を把握することができ，かつ春繭の仕入れが始まる直前で，製糸資
金の貸出が最低額になる時期にあたる。5月15日現在の取引状況と前年取引を比
べることによって貸出金の回収状況から製糸家の経営状況が検証できたのであろ
う。また，製糸資金の残額については5月15日段階での現在残高は一旦月末まで
に回収するとの方針が本部方針に記載されており，「現貸月末迄ニハ回収ノ筈」「現
貸回収ノ事」の文言が査定書内に数多く記載され貸出金の固定化を嫌っていたこ
とが判る。このような貸出金固定化を回避する同行の方針は，史料4にみられる
製糸家の行動の変化を促したと推測される。

【史料4】製絲業視察復命書（第四節 − 60 − 61頁）

「（製糸家は）容易ニ横濱ニ於ケル時ノ生糸相場ヲ以テ満足セス常ニ形勢ヲ観望
シ好機ヲ待テ手放チ以テ巨利ヲ博セントスルノ僻アリ従テ在荷ノ横濱ニ停滞ス
ルコト儘ニシテ銀行ニ對スル返金モ遅滞ヲ免レス。（中略）近時ニ於テハ概ネ
横濱ニオケル相場ノ成行ニ任セテ賣捌キ生糸ノ価格ニ付投機ヲ試ムルモノ極メ
テ少ク、寧ロ生産費ノ減少製品ノ佳良並ニ生産ノ多寡ニ就キ苦心スルノ慣習ヲ
生スルニ至リタレハ銀行者ニ對スル返金ノ如キハ以前ニ比シ極メテ正確トナル
ニ至レリト云フ」

d. 現状観測・本年夏挽資金取組方針

製糸家からの経営状況・決算予想と製糸家の動向や他行・問屋との取引に関す
る情報が記載され，最後に当該年度の融資予定額が記載されている。この欄には，
黒澤[18]を始め役員も加筆している。

史料5は1910（明治43）年の林組への融資方針決定時の査定書の現状観測欄に
記入されている本部の指示事項である。

【史料5】明治四拾参年査定簿 − 林組 −

「昨年ハ為手ヲ全然持込マサリニシ付、本年ハ資金談取極ハ暫ク見送リ、先方
ノ態度ヲ見定メタル上ニテ決定ノコト」「為手三菱三井等ノ直接取引ヲ廃シ、
当行へ持込ムヘキ旨断示ノ事」

この事例について先行研究では林組の都市銀行との直接取引に神経を尖らした
のは，将来的な林組と同行の取引縮小に繋がるとの懸念からだと指摘している（山
口編 1966，284 − 287）が，それだけではなかろう。同行の製糸金融は問屋や製糸

──────────

(18) 黒澤鷹次郎（1848 − 1919）第三代頭取。南佐久郡の酒造太物仲次販売の家に生まれる。
第十九国立銀行創立当初より役員として関わり製糸業の発展に尽力した。

家との経済的協力関係を基礎としており[19]，この林組の他行直接持込が常態化すると他の製糸家にも大きな影響を与え，他の製糸家との取引においても同行が情報の外に置かれた事態が発生するという危機感からの指示であったと思われる。同行の与信判断は，投機誘因が働きやすい製糸家に対し成行での出荷を指導しその行動を極力製造業の分野に留め，販売の専門家である問屋との情報交換によって製糸家のモラルハザード発生を防ぐというものが基礎であったことから林組の行動は同行の製糸金融システムそのものを崩壊させる可能性を持ったものであった。この査定簿の最後には黒澤本人が加筆した事項が付されている。

【史料6】 明治四拾参年査定簿－林組－

「為手 二〇，〇〇〇 　約手 七〇，〇〇〇 　小切手 九〇，〇〇〇ト決ス 　小切手 三〇，〇〇〇 　ヲ増シ 一二〇，〇〇〇トス」

これは支店での交渉が決裂した場合の全面他行移行の危惧と他の取引先への影響を考慮し，与信枠をあえて拡大する提示をした上で再交渉をすることを指示したものである。この事例は，同行の与信判断は厳重であったが決して官僚的なものではなかったことを示している。与信判断に際して，銀行側の貸出条件を一方的に主張するだけでは信頼関係が成立せず債務者は動かないことを商人層出身の黒澤は熟知していたのであろう。翌年から同社は，全面持込には至らないものの為手持込を復活させている。

また同行東京支店での問屋との情報交換を通じて債務者の経営姿勢や素行に問題があると判断される場合には興信所利用による信用調査を行い製糸家の行動を監視していたことが判る記載もある。以下は1917（大正6）年の夏季資金の指示事項である。

【史料7】 大正六年査定簿

「6/2東京電話 　横濱茂木ノ談ニ依レバ先代新蔵氏ハ手堅カリニモ当代ハ投機ニ手ヲ出スモノノ如ク、殊に昨今丸茂仲買店ノ買物多キハ信州筋多シト受リ茂木勘定ハ昨今年共残額アリ餘リ好マシキ得意先ニ非ス 　岐阜工場 　原ヘダシタモノトノ申出アリシ故直ニ承認ヲ備ヘタリ、信陽銀行ノ借残モ相当ニアルナ

---

(19) 同行諏訪支店に製糸業の知識を習得し業界の分析や研究を推進するための書籍・資料を保管する文庫が設けられ，しばしば製糸家達が同支店に集まり銀行とともに情勢分析や対応策を協議したと伝えられており同行出身の並木茂八郎が「製糸家に対しては身内の世話まで焼いて，家族関係からみな調べ上げて，ほんとうに打ち解けた取引をしたというわけです。」（全国地方銀行協会編 1960）と後に語っている。また「製糸資金貸出計画書」の査定簿から同行は問屋との情報交換によって製糸家情報を得ていたことがわかる。

ラン　直ニ長野興信所ニ取調ヲ命ス」

　以上のとおり，査定簿の記載事項から同行は釜数によって必要運転資金額を推
測し，融資金の期中回収状況から製糸家の経営状況と行動を検証し，問屋からの
情報を加味した上で融資方針を決定していたことが判る。この過程は，「定量分
析による企業評価→定性要因による評価調整→外部情報の勘案」というプロセス
を経る信用格付の決定方法と類似しており，同行が情実に流されず緻密で合理的
な与信判断を行っていたことを示すものである。

4　期中回収状況（期日管理）についての分析

　次に貸出金の期中回収状況について若干時期は遡るが債務者側からの事例で，
他行との比較をしてみたい。

　表3，4は丸一組[20]に対する1903（明治36）年と1907（明治40）年の融資状況で
ある。1903年に丸一組は信濃銀行から188,654円，第十九銀行から56,889円を6月
から12月までの間に借入している。借入額からみて，当時，同組の主力行は信濃
銀行で第十九銀行は準主力行の地位にあったと思われる。借入の多い月は春繭仕
入の6月と夏・秋繭仕入の8，9月である。12月に両行から借入した28,800円は
時期からみて工女への賃金支払であると考えられる。銀行への返済状況は，出荷
生糸の出荷代金が資金化される7月から行われるが信濃銀行については7月から
10月までの返済額は78,150円で，11，12月に行われた93,604円より少ない。これ
に対し第十九銀行に対しては7，8月と10，11月に分割して返済し，11月までに
全返済額の98.2％が実行されている。年間の回収率も信濃銀行が91.0％である の
に対し第十九銀行は96.5％である。このことから準主力行であっても第十九銀行
の方が早い資金回収を要請していたことが判明する。また1907年をみても，第
十九銀行の貸出が信濃銀行に比べ回転の速いものであったことが判る。

　表5は1899（明治32）年に第十九銀行が今井館今井源一郎に貸付した製糸資金
の動きである[21]。5月末に年度初の貸出を実行し年末に全額回収している。特
徴として追加貸出が必要となった際には既往貸出の回収後実行を行っていること
である。期初の5月31日の貸出金800円は年度の基礎的融資として11月下旬まで
の返済期日を認めているが，それ以外の返済については回収後実行条件[22]を付

---

(20) 1903年に製糸結社竜上館解散に伴い笠原房吉を中心として組織された共同経営組織。
　　総釜数は1911年には916釜，1916年には1000釜を超えた。丸一組は第十九銀行へ融資取引
　　のウェイトを移していったことが明らかになっている（山口編 1996, 320）。
(21) 今井源一郎は，平野村（現岡谷市）の北部で経営していた釜数65釜の小規模製糸家で
　　ある（武田 2005, 306）。

3 明治・大正期における地方銀行の与信判断について〔三澤圭輔〕

表3　1903年（明治36）丸一組宛　月別貸出返済一覧　（単位：円，％）

	第十九銀行		信濃銀行	
	貸出額	返済額	貸出額	返済額
6月	38,899	0	80,300	0
7	12,000	10,000	3,850	24,800
8	0	18,000	54,004	13,750
9	3,000	0	22,000	24,000
10	0	15,000	1,600	15,600
11	0	10,899	1,100	39,750
12	3,000	1,000	25,800	53,854
計	56,899	54,899	188,654	171,754
繰越		2,000		16,900
回収率		96.5		91.0

山口編［1966］313より筆者作成

表4　1907年（明治40）丸一組宛　月別貸出返済一覧　（単位：円，％）

	第十九銀行		信濃銀行				信州銀行	
	小切手		証書		別口		約手	
	貸出額	返済額	貸出額	返済額	貸出額	返済額	貸出額	返済額
1月							11,000	
2								
3			3,900	3,900				
4			1,000	1,000				11,000
5			9,000	0			750	750
6	10,000		2,200	2,900	70,000			
7	30,000	30,000	0	8,300				
8	35,056	25,000	11,000	0				
9	48,000	54,000	38,000	10,000				
10	9,000	23,056	3,300	33,800		20,000	10,000	
11			1,000	9,500		50,000		
12	800	800	15,200	15,200				
計	132,856	132,856	84,600	84,600	70,000	70,000	21,750	11,750
繰越		0		0		0		10,000
回収率		100.0		100.0		100.0		54.0

山口編［1966］316より筆者作成

[法と経営研究 第2号(2019.1)]

表5　第十九銀行諏訪支店よりの貸出返済一覧　今井館今井源一郎宛　1899年（明治32）

(単位：円)

年月	貸出額	年月	返済額	貸出残高	備　　考
5月31日	800			800	
7月4日	800			1,600	
		7月14日	800	800	7月4日貸出800円分
7月14日	200			1,000	
7月19日	450			1,450	
		7月25日	450	1,000	7月19日450円分
		8月5日	200	800	7月14日200円分
8月5日	650			1,450	
8月5日	700			2,150	
8月15日	500			2,650	
		8月22日	500	2,150	8月15日500円分
8月22日	600			2,750	
		8月31日	400	2,350	8月5日700円分
		9月10日	300	2,050	8月5日700円分
9月10日	1,200			3,250	
10月1日	820			4,070	
		10月10日	600	3,470	8月22日600円分
		10月21日	800	2,670	9月10日1200円分
		10月26日	400	2,270	9月10日1200円分
10月26日	200			2,470	
		11月2日	200	2,270	10月26日200円分
		11月2日	200	2,070	5月31日800円分
11月13日	400			2,470	
		11月18日	300	2,170	11月13日400円分
		11月18日	650	1,520	8月5日650円分
		11月21日	100	1,420	11月13日400円分
		11月21日	820	600	10月1日820円分
11月24日	300			900	
		12月12日	300	600	11月24日300円分
		12月12日	200	400	5月31日800円分
		12月25日	400	0	5月31日800円分
累計	7,620		7,620		

武田［2005］306より筆者作成

3　明治・大正期における地方銀行の与信判断について〔三澤圭輔〕

けている。この事例からみても同行が期日管理を徹底することによって融資金の
固定化を回避していることが判る。

5　回収率とカバー率の推移

表6は，査定簿から得られるデータとそれから算出される回収率，カバー率（保
全率），増減率を算出し，その推移を一覧にしたものである。

回収率とは「5月15日現在の融資額÷前年取引額[23]」で算出される比率を示し，
カバー率は不動産貸・証券貸・繭質貸の合計額を貸出金全額計で除した比率であ
る。準カバー率は不動産貸・証券貸・繭質貸に貸金回収の示現確率が高い為替手
形割引と荷為替取組を貸出条件とした前貸小切手を含めた数値を貸出金全額計で
除した比率である。また増減額は前年取引額と当年度貸出決定額との比率である。

回収率は大戦ブーム末期の1919，1920年を除き1908年から1918年まで，ほぼ80
～90％の期中回収率（回収率100％の先は全体のほぼ20～30％）で推移している。明
治末年でのカバー率は，13％程度であったものの，大正年間に入り生産規模が拡
大するに伴い，不動産抵当と繭質権を中心として保全を図った模様で1920年（大
正9）では41.9％まで上昇している。特に不動産抵当については景気過熱期の
1918年以降大幅に上昇している。これに対して準カバー率は明治末年でも70％を
超えており，1919，1920年以外はほぼ回収率が準カバー率を上回っており同行が
融資する資金を問屋の金融に紐付けさせて管理していた重要性がわかる。

個別の取引先状況をみると同行最優良融資先である片倉組はカバー率0％であ
るが，すべての時期において回収率100％，準カバー率100％でかつ5月15日現在
では預金があり，生糸年度前半で貸出した資金は年度末までに回収されるという
製糸金融のモデルパターンになっている。

6　貸出決定額からみる与信方針

表6の前年取引と本年取引決定額を比較した増減率から判るとおり同行は各年
度の期初においては前年取引額を下回った与信額を決定している。この与信方針
は，期初においては遊資を発生させないように留意していることにあわせ期初に
融資枠を拡大してしまうことで債務者へのグリップが甘くなるリスクを事前に摘
み取っていたことが要因であろう。また，本年取引決定額と翌年の取引額を対比

---

(22)　回収後実行条件とは，新規融資の実行にあたり手形期日が到来する既往貸を手元資金
　　で一旦回収することを条件にすることである。現在でも運転資金融資の固定化を防ぐた
　　めに行われる方法である。
(23)　前年取引額は前年度の最高貸出額を示している。

[法と経営研究 第2号(2019.1)]

表6　主要項目と各指標の推移一覧

(単位：円，%)

| 年 | 融資先数 | 釜数計 | 資金貸計 | 前年取引 | | | | | | | | カバー率 | 準カバー率 | 5/15 貸出額 | 5/15 預金 | 回収率 | 当年度貸出決定額 | | 増減率(前年取引/当年決定額) |
				為手	約手	不動産(抵当貸)	証券貸	信用	特約手	前貸小切手	歯貸						総額	うち前貸	
1908年(明治41年)	68先	24,976	3,634,704	819,000	555,800	36,500	42,000	736,750	0	1,439,354	5,300	2.3	60.3	413,741	749,359	79.4	2,786,470	1,037,000	76.7
1911年(明治44年)	62先	23,327	5,361,260	800,000	1,263,800	123,200	1,000	44,800	0	2,535,392	593,068	13.4	75.6	695,490	412,944	87.0	3,632,095	1,491,503	67.9
1912年(明治45年)	73先	37,693	8,170,975	965,000	1,446,380	236,270	1,055	217,000	0	3,825,625	1,479,645	21.0	87.9	678,423	53,215	91.7	5,944,310	2,875,880	72.7
1913年(大正2年)	68先	40,199	10,322,130	1,048,000	1,607,000	177,770	3,010	46,320	336,100	5,269,540	1,834,390	19.5	80.7	2,342,880	460,720	77.3	5,849,010	1,998,800	56.7
1914年(大正3年)	70先	39,557	12,301,047	1,480,000	1,534,000	723,470	29,340	39,620	930,000	4,900,717	2,663,900	27.8	79.6	1,247,272	763,493	89.9	7,420,293	3,129,603	60.3
1915年(大正4年)	74先	44,058	12,098,583	1,555,000	1,703,000	362,970	25,950	99,220	1,180,000	4,010,389	3,162,054	29.4	75.4	2,210,206	544,696	81.7	8,100,088	3,033,498	64.3
1916年(大正5年)	65先	47,412	13,358,263	1,480,000	1,915,000	789,810	42,530	72,470	1,080,000	4,781,163	3,197,290	30.2	77.0	1,702,719	1,238,366	87.3	7,527,055	2,327,645	55.6
1917年(大正6年)	74先	60,913	24,270,535	1,200,000	7,135,060	385,310	35,590	79,200	1,340,000	8,861,262	5,234,113	23.3	64.8	1,614,910	1,670,745	93.3	8,850,956	3,022,246	36.5
1918年(大正7年)	87先	65,243	24,322,520	1,420,000	4,334,800	425,520	20,775	80,000		10,559,565	7,481,860	32.6	81.8	3,480,993	1,459,133	85.7	12,292,085	4,685,000	50.5
1919年(大正8年)	83先	67,268	28,524,789	1,730,000	4,550,500	1,236,290	29,575	204,000	0	12,987,924	7,786,500	31.7	83.3	9,303,484	567,041	67.4	16,382,041	5,961,626	57.6
1920年(大正9年)	81先	83,424	37,699,659	1,572,500	4,710,000	2,326,990	94,575	236,800	0	15,367,854	13,390,940	41.9	86.9	10,329,435	1,424,330	72.6	13,247,065	3,402,000	35.1

第十九銀行「製糸資金貸出計画書」より筆者作成。1909年と1910年は査定簿が保管されておらず詳細不明である。
年は査定簿作成時の年である。したがって生糸年度で例としては1908年と1908年5月期を示している。
また前年取引とは1907年6月から1908年5月までの各貸出の取引最高額である。例を示すと1908年の前年取引とは1907年6月から1908年5月までの各貸出
の取引最高額である。当該生糸年度での取引最高額を表している。

すると全期間において翌年取引額が本年取引決定額を上回っている。このことから期初においては原則として前年取引額を上限として査定を行い，その後発生した資金需要についてはその内容と債務者の生産状況を分析した上で融資するというハードルを設けて常に債務者の実態把握に努めて審査するという環境を整えていたことが判る。

7　信用格付からの分析

　製糸資金貸出計画書には明治時代から債務者の適用金利についての記載があるが信用格付の符号を付して記載がみられるのは，1917年（大正6）からである。1917年～1919年の3年間でみると符号は，1917年では一部において（a）（b）と記載され1918年と1919年では取引先別にA，B，C，D，Eのランクに分け信用格付別に適用利率を決定しており，現在の信用格付に類似した取扱をしていたことが窺える。そこで，査定簿から得られる指標と格付との相関関係を分析した。使用した指標は回収率，生産規模（釜数），為手持込，適正債務比率[24]，カバー率である[25]。

表7　各指標と格付との相関関係

各指標と格付との相関関係

	回収率と格付	生産規模と格付	為手持込と格付	適正債務比率と格付	格付とカバー率
1917年	0.0662	0.7972**	0.7515**	0.4550**	0.6945**
1918年	0.2137	0.6706**	0.6696**	0.5313**	0.7673**
1919年	0.0866	0.6700**	0.6260**	0.6410**	0.8225**

直近3ヵ年平均回収率と格付との相関関係

	平均回収率と格付
1919年	0.1280

　注）数値は各指標と格付との相関係数である。＊＊は有意水準5％で有意であることを示す。
　　　カバー率以外は格付を被説明変数，各指標を説明変数とし，カバー率については格付を被説明変数としている。

（24）適正債務比率とは，前年度最高借入額÷予想必要運転資金額で算出される比率で筆者の造語である。
（25）1917-1919年の格付実施先一覧は付表を参照願いたい。
　　　「査定簿」に記載されている取引状況，損益状況と「借入利率予想」に記載されている適用金利及び格付符号の他，各データから算出される回収率，カバー率，準カバー率，予想生産費用，適正債務比率を債務者別に記載した。

［法と経営研究　第2号（2019.1）］

　表7は，格付（適用金利）と回収率，生産規模（釜数），為手持込の有無，適正債務比率とのそれぞれの相関関係である[26]。

a.　回収率と格付

　格付と回収率の相関関係をみると1917年，1918年，1919年の3か年，および1919年時点での直近3年間の平均回収率からも格付への影響は少ない。このことから期日管理の徹底によって回収率を高めることは同行の融資方針の基本であったものの，一次的な格付決定の要因ではなかったことが判る。しかし，格付の最終決定には後述のとおり影響を及ぼしている先もある。

b.　生産規模と格付

　当時，銀行の製糸金融は原則として生産設備への融資を行っておらず製糸家は自己資金と毎年の利益金から設備投資を行っていた。このことから生産規模（釜数）は，内部留保利益の累計額すなわち自己資本の厚さに相当するものである。生産規模（釜数）は格付に1917年，1918年，1919年の3か年でいずれも影響を及ぼしている結果が得られた。

c.　為手持込と格付

　為手持込とは，引受人を横浜の問屋，宛名人を第十九銀行に指定して製糸家宛に振出した手形[27]を同行が割引くものである。この為手の振出は，問屋にとって生糸の入庫前に債務を負うことから優良製糸家に限られており債務者の製品ブランドを証明するものであったとみることができ，問屋からみた債務者の信用度すなわち外部の格付に相当するものである。為手持込は1917年，1918年，1919年の3か年でいずれも格付に影響を及ぼしている結果が得られた。

d.　適正債務比率と格付

　現在の銀行においては，短期運転資金に対する与信判断に際して資金需要の内容を検討するために仕入と売上のタイムラグによって生ずる収支ギャップから算出される所要運転資金と短期借入金との比較を行って回収可能であるかを検討する。また売上債権や棚卸資産の回転期間を分析して長期化している場合には流動性を持たない不良在庫が内在していないかを分析する。このほかにも流動ギャッ

---

(26)　本稿ではOLSでの単純回帰による信用格付と各指標との相関係数を参考値としてその傾向を考察するにとどまっている。本件信用格付の決定要因を推定するためには各指標を説明変数とするロジスティック分析でのモデル構築が必要であり，今後筆者は同分析での推定を行なう計画である。

(27)　問屋引受手形ともいう。1890（明治23）年大蔵省銀行局長田尻稲次郎の示唆を受けた黒澤鷹次郎が，開明社社長片倉兼太郎を説き横浜の有力問屋である小野引受の為替手形を振出させ，これを同行が割引後に日本銀行に再割引を依頼したのが我が国での嚆矢とされる（八十二銀行 1968, 183）。

プから短期借入金の長期資金への流用等を検証し，現在の短期貸出金の実質的資金使途（正常運転資金，赤字補塡資金，滞貨資金など）からその回収可能性を判断して今後の短期資金の融資方針を決定している。

前述のとおり同行には一釜当たりの生産費のデータが蓄積されていたことが判明しており，査定簿にも「貸出金額ト前貸額ニ疑義アリ調査」との指示事項もあるなど，当時の与信判断においても貸出金の実質資金的使途の分析と回収可能性を検証していたと推測される。そこで各年度の１釜当たりの繭仕入原価と生産費用を算出しこれを各債務者の生産規模（釜数）に当てはめて必要運転資金を推定して各債務者の借入額（同行からの貸出実績額）との比率を適正債務比率として算出した[28]。この比率が１を大きく超過する債務者に対する貸出金は通常の生糸の出荷代金のみでは回収ができないことを意味し，資金の流用・不良在庫の存在，生産性の著しい低下等の問題の内在が疑われる。各債務者の適正債務比率の格付への影響が確認されれば，同行が現在の銀行と同様に実質的資金使途を判断して回収可能性を計り製糸資金の融資方針を決定していたことの間接的な検証となる。具体的には原価・経費の状況が史料から判る格付 B 先と格付 D 先の債務者の1916年から1918年の１釜当たりの繭仕入原価と生産費用の各年度平均値を算出し，これに各社の釜数を乗じて必要運転資金を推定して分析を行った[29]。分析の結果，1917年，1918年，1919年の３か年でいずれも適正債務比率は格付に影響を及ぼしているという結果が得られた。

e．カバー率と格付

現在の銀行においては，信用度が高くなるにしたがってカバー率が低くなる傾向があり，信用度の低い先に対しては保全を図るという原則がある。分析の結果，格付は1917年，1918年，1919年の３か年でいずれもカバー率に影響を及ぼしているという結果が得られた。

a～e より，各格付[30]の特徴として次の傾向が指摘できる。

---

(28) 本比率の使用にあたっては，当時の製糸業は生産規模が拡大しても一単位あたりの生産性が上昇しないとされ（公文 2001），生産規模が拡大しても適正債務比率は低下しないことを前提としている。

(29) 本分析は他取引状況が判明しておらず貸出シェアを考慮していないため本稿の適正債務は最大の信用リスク量を表している。貸出シェアが低下するに伴い算出される適正債務比率も低下するが貸出シェアが低いことは信用リスクの分散がなされていることでもあり貸出シェアが考慮されていない適正債務比率を用いてもリスクを過少にとらえたものではないと考える。

(30) 符号が（A）（B）のみの1917年については適用金利が低い順に A,B,C,D,E の格付に読み替えている。

格付Ａ：片倉組のみである。回収率・生産規模（自己資本）・適正債務比率いずれも高いレベルの数値が算出され，同行取引先で信用度が最も高い先である。

格付Ｂ：釜数1,000釜超の生産規模を有し，かつ為手持込先で問屋からの信用度も高い先である。ただし，格付Ａに匹敵する生産規模を有している先もある。同先は適正債務比率が１以下であるのに対して回収率は100％に達しておらず同行が同社をグリップできていない面が垣間見られ，経営の透明性に疑義を持っていた可能性がある。

格付Ｃ：釜数約500～1,500釜の生産規模を有し，適正債務比率も概ね１を割っており回収率も概ね高いが，ほとんどの先で為手の持込がなく問屋からの信用度は通常程度であると推測される先である。

格付Ｄ：釜数500釜以上で格付Ｃに次ぐ規模の先である。また格付Ｃの大半が５月15日現在で預金があるのに対して格付Ｄは大半が預金残高０である。保有先の中には格付Ｃに匹敵する2,000釜近くでの産設備を有する先もあるが適正債務比率および回収率が悪化しており事業規模に比して債務額が大きく債務過多の兆候がみられる先である。

格付Ｅ：同行取引先の中では小規模零細にランクされる事業規模の先である。回収率はＤ先より高いものの全般的に適正債務比率は悪化している。またこの格付には1,000釜以上の先が１先入っているが，この先の査定書には保全強化の指示があり規模は大きいものの経営者の資質・行動等の問題から同行が経営内容を危惧していた可能性が高い。したがって格付Ｅは同行経営への影響が軽微である小規模零細の先と事業規模は大きいものの経営内容に重大な問題を抱えてランクダウンされたと推測される先である。

　なお，査定簿からは格付Ｃ，Ｄ先に集中して損益状況の記載があり債務者の損益状況に気を配っていたことは判るが，判明しているデータが少なく同行の与信判断への影響を分析することができなかった。

　以上から同行は格付の実施にあたっては事業規模（自己資本の厚さ）と問屋からの信用度（外部からの製品ブランド評価）をもって査定した上で，同行に蓄積された各債務者のデータから必要運転資金と実際の貸出額を分析し回収率も考慮にいれ借入過多傾向が窺われる先にはさらに詳細な分析を施して，経営内容に疑義がある先については，事業規模に応じた格付からランクダウンさせ選別化を行っていたことが窺われる。

IV　1914年～1920年（大正3～9）の与信行動

1　第一次世界大戦勃発時の与信行動

1914（大正3）年7月，日本経済は第一世界大戦勃発によって，外国為替取引は不能に陥り，海上輸送が途絶して貿易品の市場は縮小し生糸輸出も激減した。図4は日本銀行の公定歩合と第十九銀行の主要調達行である三菱銀行からの調達金利に糸価を加えた推移であるが，当時金利上昇局面に糸価の暴落が発生した状況がわかる。第十九銀行はこのような状況にもかかわらず救済的融資を実施している。その融資方針は，1915年1月の株主総会での次の黒澤の演説に集約される。

【史料8】黒澤頭取演説要旨

「製糸業ガ斯ク惨憺ナタツ悲境ニ経過セシヲ以テ、本行ガ之ニ対スル新タナ資金ノ放出及回収ハ非常ナル胆略ト精細ナル注意トヲ要シ、一面ニハ営業ヲ堅実ニスル必要ナルト共ニ、他面ニハ養蚕家ヲヨビ製糸家ヲ擁護シテ蚕糸業ノ衰頽ヲ防ガンガタメ、アラユル有利ノ方法ヲ講究セザルベカラザルモノアリ、スナワチ列国海戦ノ急電ニ接スルヤ即時財政当局者及学識実験ニ富メル経済家銀行家ノ誨ヲ請ヒテ本行ノ態度ヲ決シ、既往明治二十三年[31]三十二年[32]四十年[33]糸価暴落ノ際ニ於テ主持セシ方針ニ法ルヲ最良ノ手段ナリトシ直チニ本支店ニ訓示シテ、担保品ノ下落ニ対スル差金ノ徴求ヲ暖ウシ且ミダリニ回収ヲ迫ラズ、マタ繭価ノ暴落ニ窮セル農村ニ貸出ヲ開放スルト共ニ、製糸家ノ夏秋繭仕入資金ニ渋滞ナカラシメンコトヲ期セシニ、政府及日本銀行横浜正金銀行ヲ始メ中央市場ノ一流銀行モ生糸ノ金融ニ就テハ特ニ救済ノ援護ヲ与フルニ意アルト認メマスマス意ヲ強ウシ前途ニ就キテ深ク確信スル所アリバ、九月中市場恐怖ノ際ニアリテモ尚且貸出ヲ続行シ爾後絶エズ市場ノ経営ヲ観察シテ緩急ヲ謬ラザランコトヲ図リ、依テ以テ少クモ農家及製糸家ノ苦痛ヲ軽減シ、人身ヲ緩和シタルハ蓋シ機宜ニ適スルノ措置タリシヲ信ゼズンバアラズ。」

また1915年の「製糸資金貸出計画書」の指示事項には次の記載がある。

【史料9】大正四年製糸資金ニ関スル指示事項

「横濱ニ滞貨アル得意ノ荷為替ハ特ニ原儒マテノ高為替ヲ附スヘキコト若シ問屋ニテ之ヲ制限シタルトキハ賣場餘剰金ヲ問屋ノミニテ滞貨ヘ受入レザルコト

---

(31)　1890年第一次恐慌。
(32)　1899年日清戦後第一次恐慌
(33)　1907年日露戦後恐慌。

[法と経営研究 第 2 号(2019.1)]

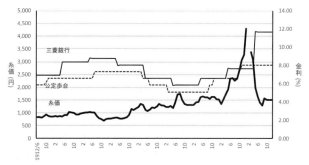

図 4　1912年 6 月〜1920年12月の生糸価格・公定歩合・
　　　調達金利（三菱銀行）推移

注 1)「製糸資金貸出計画書」および蚕糸業同業組合中央会編(1925, 1926)より筆者作成
注 2) 調達金利は主要調達行三菱銀行からの調達金利，糸価は月中最高値である。

ヲ確約シ問屋ノ書面ヲ徴シテ為替ヲ取組ムカ或ハ生絲ヲ当行ヘ担保トシテ留置クヘキコト」

「日松　繭證券担保取引ハ七月上旬春繭終期以後特ニ八月ヨリ九月ニ渉リ夏秋繭資金ニ際シ取引スヘキトヲ豫メ同店ヘ申出置クコト」

査定簿から算出すると同年の横浜に滞留していた生糸の滞貨の合計は，603,858円で同年 5 月15日現在の貸出残の27.3％であった。同行の救済的融資は大戦勃発による製糸家の動揺を鎮める効果を発揮した[34]。ただし査定簿からは，すべての債務者救済を図ったのではなくそれまでの仕振りや生産内容等に問題があった債務者については保全内取引を指示するなどの記載があり選別化をすすめていることも判る。

2　大戦ブーム期の与信行動

1916（大正 5 ）年〜1919（大正 8 ）年は大戦ブームといわれる大正バブル期にあたり製糸業も糸価格の上昇によってそのピークを迎えた時期にあるが，同行は反動恐慌発生（1920年 3 月）の 2 年近く前から1918年の計画書の綱要で引き締めともみられる厳しい方針を打ち出している。

【史料10】大正七年製糸資金貸出ニ関スル指示

「・生糸貿易前途危険ヲ予想セラルルヲ以テ本年春繭資金貸出額，昨年ノ約八割ヲ大体ノ標準トス（昨年ノ額トハ予定額ト実際貸出最高額トノ内ニ就テ適当

---

[34] 経済混乱は帝国蚕糸株式会社による滞貨生糸の買上によって沈静化し糸価は翌1616年から上昇に転じた。

表8　調達金利推移表　　(単位：%)

借入先名	種別	1912 （大正1）	1913 （大正2）	1914 （大正3）	1915 （大正4）	1916 （大正5）	1917 （大正6）	1918 （大正7）	1919 （大正8）	1920 （大正9）
日本銀行 （東京）	担保付	6.2	6.9	7.3	7.3	6.6	5.1	5.1	6.6	8.0
	為　手	6.2	6.9	7.3	7.7	6.9			6.9	8.8
	約　手	6.2	6.9	7.3	7.7	6.9	5.5	5.5	6.9	8.8
	預　手									
横浜正金 銀行 （横浜）	担保付									
	為　手	6.2	7.7	7.7	7.7	5.8	5.1	5.8	6.9	11.0
	約　手	6.6	8.0	8.0	8.0	6.2	5.1	6.2	7.3	11.3
日本興業 銀行 （東京）	担保付	5.8	7.1	7.7	6.4	4.2				
	為　手	6.2	7.7	8.0		5.3	5.1	5.8		
	約　手	6.6	8.0	8.6	8.0	5.7	5.5	6.6	7.3	11.7
	預　手									
三菱銀行 （東京）	担保付	5.8	7.1	7.7	6.6	4.0	4.7	5.8	6.8	11.0
	為　手	6.2	7.7	8.0	7.3	5.8	5.1	5.8	6.9	11.0
	約　手	6.9	8.4	8.8	8.0	6.6	5.8	6.6	7.7	11.7
	預　手									
三井銀行 （東京）	担保付									
	為　手	6.2	7.7	8.0	7.3	5.8	5.1	5.8	6.9	11.0
	約　手	6.9	8.4	8.8	8.0	6.6	5.5	6.2	7.7	11.7
	預　手									
第一銀行 （東京）	担保付	5.8	7.1							
	為　手	6.2	7.7	8.0	7.3	5.8	5.8	5.8	6.9	11.0
	約　手	6.9	8.4	8.8	8.0	6.6	6.6	6.2	7.7	11.3
	預　手									
十五銀行 （東京）	担保付	5.8	7.1	7.7	6.2	4.4	4.9	5.8	6.8	11.0
	為　手	6.2	7.7	8.0	7.3	5.8	5.1	5.8	6.9	11.0
	約　手	6.9	8.4				6.2	6.6	7.7	
	預　手									
住友銀行 （大阪）	担保付									
	為　手	6.2	7.7	8.0	6.9	5.8	5.1	5.8	6.9	11.3
	約　手	6.9	8.4	8.8	8.0	6.6	5.5	6.6	7.3	11.7
	預　手									
東海銀行 （東京）	担保付	6.2	7.7	8.0	6.9		5.1	5.8	7.1	11.3
	為　手									
	約　手	6.2	8.0	8.4	8.0	6.0	5.5	6.6	7.7	11.7
	預　手									
丁酉銀行 （東京）	担保付	5.8	7.1							
	為　手	6.2	7.7							
	約　手	6.9	8.4	8.4	8.0	6.6	5.7	6.6	7.7	11.7
	預　手									
村井銀行 （東京）	担保付	5.8	7.1							
	為　手	6.2	7.7			6.2	5.3			
	約　手	6.9	8.4					6.2		
	預　手									
加島銀行 （大阪）	担保付									
	為　手									
	約　手									
	預　手				7.3	6.2		6.6	7.7	11.7
中井銀行 （東京）	担保付									
	為　手									
	約　手									12.0
	預　手			8.6	7.5	5.3		6.6		

第十九銀行「製糸資金貸出計画書」より作成調達金利は各年度5月時点の数値である。

［法と経営研究　第 2 号（2019.1）］

ノ標準トスベキ額ヲ各人別ニ参酌シテ之ヲ定ム）

・釜数ノ増加セシ先及新取引ノ申込ニ対シテハ貸出ヲ劣サベルモノトス

・繭需高ニ付質繭ノ担保割合ハ例年ニ比シ速に低率タルベキモノトス其ノ割
　合ハ追テ繭需ノ稍一定トナルヲ待テ指示ス」

この方針のもとになったのが同年 5 月 7 日に黒澤が行内に注意喚起をした訓
諭[35]である。

【史料11】　黒澤頭取訓諭

「横浜問屋ナルモノハ生糸輸出ノ関門ニ蟠居シ斯業ノ向上発展ニ尽クスベキ責
任ニアルニ拘ハラズ、眼前細鎖ナル商材懸引ヲ之レ事トシ、絶エテ生産消費ノ
大勢、需要者ノ要求、流行ノ変遷等ニ注意スルコトナク、大輸出先ナル米国ノ
情況スラ詳知スルモノ甚ダ罕甚ニ、其冷淡不親切ナル、真ニ驚クベキモノアリ、
（中略）今本邦海外貿易ノ情勢ヲ案ズルニ（中略）貿易ハ幾クナラズシテ輸入超
過ニ変ゼントスルノ兆アリ、是レ必意人心熱狂、物価昂騰ノ極、時ハ戦乱未ダ
熄マズト雖モ商機ハ既ニ戦前ノ状態ニ復帰ノ機運ニ向ヘルモノニシテ、物価ノ
暴落、恐慌ノ襲来夫レ遠キニ非ラン乎。苟モ金融業者タルモノハ、先覚者タル
ヲ以テ自ラ任ジ、事ノ未発ニ備ヘ、噬臍ノ悔ヲ貽サザランコトヲ期スベシ。本
行各店ハ爾後努メテ得意先ノ取引状態ヲ考察シ、信認貸付程度ヲ酌量シ、殊ニ
貨物ニ対スル貸出ハ最モ慎重ノ考量ヲ加ヘ、又務メテ資金ノ回収ヲ図リ固定ヲ
戒メ、本行資力ノ充実ヲ企図スベシ。茲ニ意見ヲ付シテ警告ス。」

この訓諭が出された1918年 5 月は物価騰貴から米騒動が発生する直前[36]にあ
たる。図 4 の通り同月の横浜生糸相場の平均値は前年 8 月につけた1,750円には
及ばないものの1,600円で上昇傾向にある。一方，表 8 の通り同年 5 月時点での
日本銀行の公定歩合は5.11％と1911年からの推移では最低水準にあるが，日本銀
行以外の資金調達行の金利は上昇に転じている時期にある。

　訓諭には横浜の問屋の姿勢が信頼の置けない状況になりつつあることが述べら
れ，バブル崩壊の危惧から行内には債務者の資力を計り資金回収に努めて固定化
を避けることを指示している。同行の製糸金融は「銀行－製糸家－問屋」での経
済的協力の安定が融資の基礎となっていたが，黒澤はこの協力体制から逸脱しつ

---

(35) 黒澤は翌年 1 月に死去しておりこの訓諭は同行への遺言ともいえる。この黒澤の危惧
　　は 2 年後の反動恐慌で現実のものとなった。

(36) 1918年（大正 7 ） 8 月の長野県議会における知事報告によると県下の物価は1914年（大
　　正 3 ）に比べ，米2.4倍，麦3.5倍，綿糸3.4倍，石炭3.0倍，木炭3.2倍，用材2.5倍，紙4.0倍，
　　肥料1.8倍と騰貴している。また1918年 7 月18日に富山県魚津で発生した米騒動が県下に
　　も及び同年 8 月に県内各地で米騒動が発生した。（長野県史刊行会 1988, 238－247）。

3 明治・大正期における地方銀行の与信判断について〔三澤圭輔〕

つある問屋の姿勢が製糸家にも悪影響を及ぼし，相場上昇に期待した売り渋りによる融資金回収の長期化や生糸相場下降による不良債権の発生を懸念したのであろう。現に当時の製糸家には現金を自らの蔵にそのまま放り込むように保管し現金の持ち運びには，ざるを使っていた者もいた(37)というほど規律が乱れはじめていた。このような債務者の行動に加えて，物価高騰と調達金利が上昇に転じた経済状況に危機感を持ち訓諭を発したのであると判断できる。

翌1919年春繭資金に対しても同行は厳しい姿勢を崩していない。

【史料12】大正八年春繭資金本部指示

「前途糸需暴落ノ危険少ナカザルニ付本年度春繭資金貸出ハ極力警戒ヲ要スルコト無論ナリト雖モ繭需高及各製糸家流動資金ノ減少ニ因リテ資金ノ需要激増スベク一面都市ニ於ケル之ガ資金ノ供給ハ案外潤澤ナル上ニ実力充実セル製糸家ニ対シテハ同業者貸競ヒ傾向アリ是ヲ以テ確実ノ取引先ニ対シテハ前年ニ比シ稍貸出ヲ拡張シ之ニ反シテ残高多キ不安ノ向ヨリハ抵当ヲ徴スル等各人別慎重ノ調査ヲ遂ゲテ貸出極度ヲ定サダメタレバ萬一之ニ準拠シ難キ事情ヲ生ジタルトキ其時々経伺スベク又糸需繭需ガ著シキ高低ヲ生ジ貸出極度ノ変更ヲ要スル場合ハ更ニ指示スベキモノトス」

大手銀行と推測される他行(38)が積極姿勢を示していることから競合上優良製糸家に限って与信枠の拡大を認めるものの，借入過多傾向がみられる取引先には保全強化を指示して選別化を進めるとの指示がみられる。この方針は表6のとおり1919年（大正8）春時点での回収率が前年の85.7％から67.4％に著しく低下していることにも起因している。黒澤の訓諭にもかかわらず同行による製糸家へのグリップが弱くなってきており，同行設立以来約40年に渡って築いてきた製糸金融のシステムが崩壊するという危惧から厳しい与信判断を指示したのであろう。

以下は同年夏秋繭期の本部指示である。

【史料13】大正八年夏秋繭資金計画説明

「諏訪支店乙貸越各人最高限度ハ昨秋若シクハ今春各人最高額ヲ最低標準トシテ各人春繭仕入ノ多寡ソノ他ノ状態ヲ酌酌按排シ大略二割前後ヲ貸増ス方針ヲ以テ作成セリ

諏訪丙前貸契約不履行ノ者ノ中○○○○○○○○（※8先）ハ現在残額全部ヲ

---

(37)（岡谷市教育委員会 1994，117）。
(38) 1910年代末から大都市に本店を置く銀行が支店を増加させ融資の増強を図った。特に大戦ブーム時には都市銀行の融資量は増加した。（長澤康昭 1988）。

85

［法と経営研究　第2号（2019.1）］

○○○（※3先）等ハ一部[39]を契約解除スルコトトセリ」

　丙型当座貸越契約先[40]では不履行が発生していることが記載され当座貸越契約の解除にまで踏み込んでいる。契約不履行が発生しているのは同行が低格付にランクした債務者に集中しており，同行の与信判断が予知の分野でも精緻なものであったことが裏付けられる。

3　同時期の与信行動の特徴

　同行の製糸金融は，大戦勃発時の経済梗塞に対しては一部では選別化を進めながらも問屋との協力体制をひいて翌年の滞貨生糸の買上までの間底支えするという救済的行動から，厳しい与信審査を行いつつも必要性が認められる時には柔軟で大胆な与信行動をしたが，大戦ブームの後半に問屋の姿勢が変化し，製糸家の行動に乱れが生じると反動恐慌の2年近く前から経済の悪化を予想し厳しい与信方針を打ち出して債務者管理の徹底を図らせている。

　このことから同行の与信判断は外部要因による生糸価格の低下といった状況下では合理的と判断される環境があれば柔軟な救済的与信行動に出るが，好況下での製糸家・問屋の規律が崩れた経済活動に対しては厳しい姿勢で臨むという特徴をもっていた。同行は幾度かの生糸不況を経験したなかで製糸家に対しては成行での生糸販売を指導する等規律ある経済活動を重視し損益の幅が大きい製糸業へのリスクの低減を図ることを与信判断の基本においていたことが判る。

V　与信判断の背景

1　営業報告書と製糸資金貸出計画書にみられる資金供給行との関係

　第十九銀行は設立以来，製糸家の資金需要に応じるために日本銀行，横浜正金銀行や多くの市中銀行から資金調達をしていたが（表9），同行の営業報告書の黒澤の演説には資金調達の重要性を強く認識していたと判るものが数多く残っている。

【史料14】黒澤頭取演説要旨

「幸ヒニシテ日本銀行正金銀行ヲ始メ京浜間有力ナル銀行ニ融通ヲ求メ、以テ当事者ニ資金ノ供給ヲ為シタル」（明治30年下季営業報告書）

（39）計画書には格付C先とD先のうち11名の債務者名が記載されている。
（40）当座貸越は規律ある信用度の高い融資先に対しては手続きが簡便であり有用な融資形態であるが，融資金が固定長期化しやすい欠点を持っている。

「依テ数回自ラ出京ノ上奔走劃策スル所アリ。幸ヒニシテ中央銀行正金銀行其他二、三ノ銀行ハ重要輸出品タル蚕糸製造ガ資金欠乏ノ状ヲ諒シ、特別ノ融通ヲ与ヘラレルヲ以テ相応ニ貸出ノ途ヲ開放スルコトヲ得」（明治31年上季営業報告書）

「幸ヒニシテ中央銀行正金銀行始メ諸多有力タル銀行ノ融通ヲ得」（明治39年下季営業報告書）

「製糸家ノ夏秋繭仕入資金ニ渋滞ナカラシメンコトヲ期セシニ、政府及日本銀行横浜正金銀行ヲ始メ中央市場ノ一流銀行モ生糸ノ金融ニ就テハ特ニ救済的援護ヲ与フルニ意アルト認メマスマス意ヲ強ウシ前途ニ就キテ深ク確信スル所アリ」（大正4年下季営業報告書）

また，同行と日本銀行との資金調達に関する資料は，「製糸金融貸出計画書」に1920（大正9）年の面談記録が残っている。

【史料15】日本銀行面談記録

「日本銀行樓上第一應接ニ於テ　大正九年六月八日午后一時半

深井理事　清水松本支店長　伊藤書記　立會　飯島頭取　出頭

1．製絲家振出及裏書約手ニ本行裏書ノ上割引ヲ求ムル金額ハ別紙仕譯書ノ通リ総額弐百拾九萬円承諾ヲ得タル事

1．右手形ハ一回切替最終期限ヲ本年十一月三十日トスル事期日前ニテモ出来得ル限リ減縮スル事

1．為ル可ク不動産担保又ハ差入レ特約書ヲ徴シ又ハ端数株等ニテモ精々担保ヲ供セシメ尚其ノ内容ヲ日本銀行松本支店ヘ報告スル事

1．右取引（※割引持込予定約手振出ノ製糸家一覧が添付されている）ハ日本銀行松本支店ノ取引トスル事

1．倉庫入繭絲担保壱百萬円マデ取引ノ事

　　但諏訪、上田、野沢トモ指定倉庫トナル（※諏訪倉庫各店の屋号が付されている）

1．重役個人連帯保證状ヲ差出スベキ事

1．利率ハ差向キ○○（※判読不能）七厘割引タル事

1．公債担保モ随時必要アラバ取引差支置キ事

　　但何時ニテモ換價シ得ベキ支拂準備品ヲ存スルノ必要アルハ謂フ迄モ無シ

1．日米生絲會社引受ノ為手ニ就テハ同社重役個人連帯保證状ヲ日本銀行ヘモ差出サシムベキ事並ニ本手形ノ取引ハ日本銀行本店ニ於テスル事」

これは反動恐慌発生時のものだが，金城（2017）によって明らかにされている

表9 資金調達行別 手形再割および借入金推移表

借入先別 手形再割および借入金推移表

単位：千円

借入先名	種別・シェア	1906 (明治39年)	1907 (明治40年)	1908 (明治41年)	1909 (明治42年)	1910 (明治43年)	1911 (明治44年)	1912 (明治45年)	1913 (大正2年)	1914 (大正3年)	1915 (大正4年)	1916 (大正5年)	1917 (大正6年)	1918 (大正7年)	1918 (大正8年)	1920 (大正9年)
日本銀行 (東京)	手形再割	300	300	600	300	300	300	300	350	350	350	350	350	350	180	2,190
	借入金	300	887	929	0	0	0	200	300	450	0	0	0	0	0	1,000
	合計	600	1,187	1,529	300	300	300	500	650	800	350	350	350	350	180	3,190
	シェア	13.0%	28.1%	36.8%	7.2%	7.1%	5.4%	6.9%	8.0%	8.3%	4.1%	4.2%	3.7%	3.6%	1.3%	28.8%
横浜正金銀行 (横浜)	手形再割	254	254	254	120	150	150	210	710	710	700	700	700	700	600	500
	借入金	0	100	0	134	134	150	200	0	0	0	0	0	0	0	0
	合計	254	354	254	254	284	300	410	710	710	700	700	700	700	600	500
	シェア	5.5%	8.4%	6.1%	6.1%	6.7%	5.4%	5.7%	8.7%	7.4%	8.1%	8.3%	7.4%	7.2%	4.3%	4.5%
日本興業銀行 (東京)	手形再割	0	0	0	0	0	0	0	0	0	0	0	0	0	0	0
	借入金	301	130	70	230	454	610	540	550	750	750	500	500	500	1,000	500
	合計	301	130	70	230	454	610	540	550	750	750	500	500	500	1,000	500
	シェア	6.5%	3.1%	1.7%	5.5%	10.8%	11.0%	7.5%	6.8%	7.8%	8.7%	5.9%	5.3%	5.2%	7.2%	4.5%
三菱銀行 (東京)	手形再割	370	450	610	610	455	610	610	800	1,000	1,000	1,000	1,000	1,000	700	1,000
	借入金	0	190	290	290	290	790	1,290	1,770	2,070	1,670	2,140	2,140	2,140	2,140	2,140
	合計	370	640	900	900	745	1,400	1,900	2,570	3,070	2,670	3,140	3,140	3,140	2,840	3,140
	シェア	8.0%	15.1%	21.6%	21.6%	17.7%	25.3%	26.3%	31.6%	31.9%	31.0%	37.2%	33.3%	32.4%	20.3%	28.4%
三井銀行 (東京)	手形再割	261	260	240	190	200	200	200	200	200	200	300	300	300	400	500
	借入金	0	0	0	0	0	0	0	0	0	0	0	0	0	0	0
	合計	261	260	240	190	200	200	200	200	200	200	300	300	300	400	500
	シェア	5.7%	6.2%	5.8%	4.6%	4.7%	3.6%	2.8%	2.5%	2.1%	2.3%	3.6%	3.2%	3.1%	2.9%	4.5%
第一銀行 (東京)	手形再割	200	250	100	120	150	200	250	250	250	250	250	250	300	350	300
	借入金	0	0	0	0	0	0	0	0	0	0	0	0	0	0	0
	合計	200	250	100	120	150	200	250	250	250	250	250	250	300	350	300
	シェア	4.3%	5.9%	2.4%	2.9%	3.6%	3.6%	3.5%	3.1%	2.6%	2.9%	3.0%	2.6%	3.1%	2.5%	2.7%
十五銀行 (東京)	手形再割	120	100	100	40	70	110	110	150	300	310	300	400	460	340	290
	借入金	195	0	40	150	100	31	240	150	150	150	0	0	0	0	340
	合計	315	100	140	190	170	141	350	300	450	460	300	400	460	340	630
	シェア	6.9%	2.4%	3.4%	4.6%	4.0%	2.5%	4.8%	3.7%	4.7%	5.3%	3.6%	4.2%	4.7%	2.5%	5.7%
住友銀行 (大阪)	手形再割	212	200	150	150	130	130	130	130	130	130	150	130	150	200	0
	借入金	0	0	0	150	0	0	0	0	0	0	0	0	0	0	0
	合計	212	200	150	300	130	130	130	130	130	130	150	130	150	200	0
	シェア	4.6%	4.7%	3.6%	7.2%	3.1%	2.4%	1.8%	1.6%	1.3%	1.5%	1.8%	1.4%	1.5%	1.4%	0.0%
八十五銀行 (埼玉)	手形再割	0	0	0	0	0	0	0	0	0	0	0	0	0	0	0
	借入金	291	175	165	200	104	130	345	277	452	0	0	200	300	500	0
	合計	291	175	165	200	104	130	345	277	452	0	0	200	300	500	0
	シェア	6.3%	4.1%	4.0%	4.8%	2.5%	2.4%	4.8%	3.4%	4.7%	0.0%	0.0%	2.1%	3.1%	3.6%	0.0%

3 明治・大正期における地方銀行の与信判断について〔三澤圭輔〕

行名															
八十四銀行 (東京)	手形再割	0	0	0	0	0	0	0	0	0	0	0	0	0	0
	借入金	80	100	180	200	150	150	50	200	200	200	200	200	700	0
	合計	80	100	180	200	150	150	50	200	200	200	200	200	700	0
	シェア	1.7%	2.4%	4.3%	4.7%	2.7%	2.1%	0.6%	2.1%	2.4%	2.1%	2.1%	2.1%	5.0%	0.0%
東海銀行 (東京)	手形再割	110	50	125	100	100	100	100	150	150	150	150	250	300	100
	借入金	50	50	50	100	100	100	100	150	50	0	0	0	0	100
	合計	160	100	175	200	200	200	200	300	200	150	150	250	300	200
	シェア	3.5%	2.4%	4.2%	4.7%	3.6%	2.8%	2.5%	3.1%	2.3%	1.6%	1.8%	2.6%	2.1%	1.8%
丁酉銀行 (東京)	手形再割	0	0	0	0	0	0	0	0	0	0	0	0	0	0
	借入金	100	50	150	150	200	200	200	200	210	210	200	200	400	0
	合計	100	50	150	150	200	200	200	200	210	210	200	200	400	0
	シェア	2.2%	1.2%	3.6%	3.6%	3.6%	2.8%	2.5%	2.3%	2.4%	2.4%	2.1%	2.1%	2.9%	0.0%
村井銀行 (東京)	手形再割	0	70	0	50	50	130	0	0	0	0	0	0	200	0
	借入金	100	0	130	0	100	0	150	150	0	0	0	0	0	0
	合計	100	70	130	50	150	130	150	150	0	0	0	0	200	0
	シェア	2.2%	1.7%	3.1%	1.2%	3.6%	1.8%	1.8%	1.7%	0.0%	0.0%	0.0%	0.0%	1.4%	0.0%
拓殖銀行 (北海道)	手形再割	100	0	0	0	100	100	0	200	200	250	250	750	300	0
	借入金	0	0	200	200	200	300	400	400	200	0	0	0	0	0
	合計	100	0	200	200	300	400	400	400	290	250	250	750	300	0
	シェア	2.2%	0.0%	4.8%	4.7%	5.4%	5.5%	4.9%	5.5%	5.9%	2.6%	2.6%	7.9%	2.1%	0.0%
加島銀行 (大阪)	手形再割	50	0	0	0	100	100	0	250	250	200	200	200	500	100
	借入金	0	0	50	100	0	0	130	0	0	0	0	0	0	0
	合計	50	0	50	100	100	130	270	250	290	200	200	200	500	100
	シェア	1.1%	0.0%	1.2%	2.4%	1.8%	2.4%	3.3%	2.9%	3.0%	2.4%	2.1%	2.1%	3.6%	0.9%
四十一銀行 (栃木)	手形再割	0	0	0	0	0	0	0	300	300	500	500	820	200	200
	借入金	0	0	0	0	100	180	210	0	0	0	0	0	0	0
	合計	0	0	0	0	100	160	210	300	300	500	500	820	200	200
	シェア	0.0%	0.0%	0.0%	0.0%	1.8%	1.8%	2.4%	3.5%	3.5%	5.3%	4.7%	6.2%	5.7%	4.5%
中井銀行 (東京)	手形再割	50	0	0	0	0	0	450	300	200	450	500	600	800	500
	借入金	0	0	0	0	100	100	0	0	0	0	0	0	0	0
	合計	50	0	0	0	100	100	450	300	200	450	500	600	800	500
	シェア	1.1%	0.0%	0.0%	0.0%	1.8%	1.4%	5.5%	3.5%	2.4%	4.7%	5.3%	6.2%	5.7%	4.5%
その他	手形再割	524	350	180	80	160	625	785	362	572	545	928	1,240	1,020	638
	借入金	570	360	490	325	230	160	210	290	220	365	545	1,600	900	4,500
	合計	1,094	710	570	555	785	625	928	1,020	840	1,170	1,300	1,600	4,500	900
	シェア	23.8%	16.8%	13.7%	13.2%	14.2%	8.7%	11.4%	11.8%	10.0%	12.4%	13.5%	16.5%	32.2%	8.1%
合計	手形再割	2,551	2,334	2,184	2,130	2,320	2,610	3,520	3,970	4,570	4,900	5,600	5,510	8,430	5,780
	借入金	2,047	1,892	1,974	2,082	3,205	4,607	4,622	4,640	3,860	4,540	4,030	4,190	5,540	5,280
	合計	4,598	4,226	4,158	4,212	5,525	7,217	8,142	8,610	8,430	9,440	9,630	9,700	13,970	11,060

行名下段（　）内は本店所在地

山口編（1966　146-147）、「製糸資金貸出計画書」および「銀行変遷史データベース」より作成

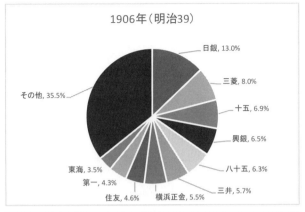

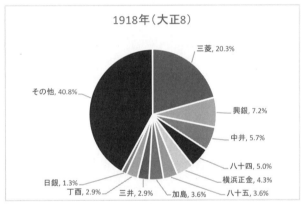

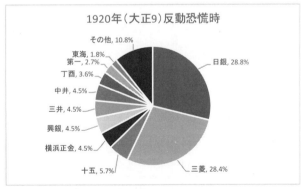

図5　資金調達行シェアの変化

とおりこれ以前より日銀との密接な金融接続関係が構築されており，資金調達の前提となる同行の資産内容について都度説明がなされていたと推測される。これは大手市中銀行との関係でも同様であったであろう。

2　日本銀行のモニタリング体制

市中銀行が日本銀行からの考査を受ける体制が整ったのは1926年（大正15）に設置された金融制度調査会の決議に基づき日本銀行に考査部が設置された1928（昭和3）からである。しかし1906（明治39）年の『取引銀行調書取扱手続』によって取引先銀行の営業様態について日本銀行営業局および各支店・出張所は，毎半期それぞれの取引銀行の調書を作成しそれを調査局へ送付することになっていたことが示すように，日本銀行には融資金原資の供給を通じて考査部発足以前から監視の制度が構築されていた（熊倉 2007）。また日本銀行と地方銀行との取引開廃は銀行財務の健全性（収益性，流動性，資産内容等），役員・大株主構成とその個人資産の内容，銀行規模と地域金融市場における地位，日銀以外の代替的な資金調達手段の有無を考慮していたことが明らかになっている（岡崎 2006）。市中銀行は日本銀行との取引によって潜在的な流動性が確保され，銀行の資産運用の可能性を広げ，市中銀行に高い収益性をもたらしたが，全般的に日銀取引先であることが市中銀行の破産・廃業確率を引き下げるという効果は見られず，日本銀行が業績の悪化した銀行を流動性供給によって支え続ける行動をとらなかったことが観察・計量両面から実証されている（岡崎 2007）。

このことは金融自由化以前における戦後の銀行が護送船団方式の金融行政下で安定した経営を続けることが出来たのに対し，戦前の銀行は日本銀行との取引が担保されておらず「取引廃止で発生する流動性の悪化とそれに連鎖して発生する大手銀行からの資金調達難や預金者取付」による破綻の危険と隣り合わせにいたことを意味する。特に変節極まりないとされた損益変動の大きい製糸業への金融に特化し，安定的貸出原資としての十分な預金を持たず平均預貸率281.6％の大幅なオーバーローンという特異な経営体質を持った第十九銀行にあって，表9，図5の通り，調達が三菱銀行にシフトし日本銀行からの借入シェアが明治末期より減少傾向にあったとしても1920年の反動恐慌など不況時の資金調達に備えて貸出資産の良質化を図って業績を保ち最後の貸し手である日本銀行からの信用・評価を担保しておくことは，同行の経営上必要な要件であったといえる。

3　与信判断の背景

現在の銀行における自己査定は，決算期ごとに債務者の経営状態から自行債権

の回収可能性を分析した上で債務者ごとに債務者区分（信用格付）を決定し，回収可能性が低い債権については不良債権として一定の貸倒引当を実施するために行われるものである。そしてその結果を不良債権比率や自己資本の算定に使用し，それをディスクローズするための工程である。したがって，自己査定作業によって得られた情報は金融当局をはじめ銀行への与信者である株主・預金者に提供されることになり，ステークホルダーにとって当該銀行への監視指標となるものである。

　第十九銀行の製糸資金貸出計画書は，当期の資金繰策定を最終目的として作成されたものであった。同行の資金調達方法は，保有有価証券担保借入や問屋引受為手再割の他，製糸家振出の約束手形再割があり，高い審査能力を持つ日本銀行や大手市中銀行からの監視を受ける同行の立場を鑑みると資金調達にあたっては信用格付の実施等による自行の貸出資産内容の良質化が必要不可欠であったことが推測される。これは，表10のとおり日本銀行へ再割のため持込まれた約束手形が信用格付ランク上位になるほど多くなるという分布を示していることからもわかる。

　一方，資金供給行から見た場合，第十九銀行は製糸家への直接の資金供給者であり最終債務者である製糸家へのモニタリング役としての立場にもあった。モニタリング役としての銀行の役割については青木によって提示されている（Aoki 1992）。青木の主張はメインバンクとメインバンク以外の株主との関係からモニタリング役としてのメインバンクの役割を考察するものであるが，この議論を援用すると日本銀行をはじめとする資金供給銀行にとっては「第十九銀行はメインバンクとして有能で責任あるモニタリング役にかなう銀行であるか」ということが同行への資金供給を継続するかを判断する最重要項目であったといえる。すなわち，同行が自行の審査水準以上のレベルを有する日本銀行・横浜正金銀行や大手市中銀行からの調達を安定的に受けるためには，「第十九銀行自身は高いレベルで製糸家を監視して育成するための与信判断と債務者管理を行い貸出資産の健全化を図っている優良な与信者である」という実績によって信頼を得ることが必要であった。

　同行が資金供給行からの信頼を得ることと製糸家を指導育成することの重要性については，黒澤の行内訓示や営業報告書の演説要旨から窺い知ることができる。

【史料16】黒澤頭取訓示

「元来当銀行ガ幾多ノ狂瀾激浪ヲ凌ギテ能ク今日アルヲ致シタルモノハ、予ガ着実堅固ナル方針ヲ主持スルニ依リ有力銀行ノ信任ヲ得テ多額ノ融通ヲ受ケ、

3 明治・大正期における地方銀行の与信判断について〔三澤圭輔〕

表10 日本銀行への製糸家振出約束手形持込予定表（1920年6月）

単位：円

債務者	格付	約束手形総額	再割引依頼額	再割引比率	再割格付分布
1	A	0	0	－	0.0%
2	B	800	400	50.0%	
3	B	1,200	500	41.7%	
4	B	250	150	60.0%	
5	B	350	200	57.1%	
6	B	80	50	62.5%	
7	B	60	40	66.7%	
8	B	150	70	46.7%	
9	B	120	80	66.7%	68.0%
10	C	130	80	61.5%	
11	C	30	30	100.0%	
12	C	0	0	－	
13	C	70	50	71.4%	
14	C	100	50	50.0%	
15	C	200	50	25.0%	
16	C	100	50	50.0%	
17	C	70	50	71.4%	
18	C	80	50	62.5%	
19	C	100	50	50.0%	
20	C	30	30	100.0%	
21	C	30	30	100.0%	23.7%
22	D	30	30	100.0%	
23	D	0	0	－	
24	D	0	0	－	
25	D	50	30	60.0%	
26	D	0	0	－	
27	D	0	0	－	
28	D	0	0	－	
29	D	0	0	－	
30	D	0	0	－	
31	D	20	20	100.0%	
32	D	40	30	75.0%	
33	D	0	0	－	
34	D	0	0	－	
35	D	0	0	－	
36	D	20	20	100.0%	
37	D	0	0	－	
38	D	0	0	－	
39	D	0	0	－	
40	D	0	0	－	5.9%
41	－	0	0	－	
42	－	0	0	－	
43	－	0	0	－	
（注）44	－	70	50	71.4%	2.3%
合計・比率		4,180	2,190	52.4%	

（注）債務者44は，野沢支店取引先。同先の当年度の金利水準は不明だが，1918
　　年は格付 C，1919年は格付 D に相当する。
製糸資金貸出計画書および（金城2017）より作成

年々利益ヲ増シ、歳々積立金ヲ加ヘ来リタルノ結果ニ外ナラズ。」1900年（明治33）1月（八十二銀行 1993, 69）

【史料17】 黒澤頭取演説要旨

「金融市場は前述の如く絲況亦日に非なるを以て取締役等は交るゝ出京して金融視察を怠らす且屢次製絲地方を巡回観察して資金操縦の方針を定めたり」
（明治41年上季）

「夏季金融の緊縮尚甚しかりしに際し本行か能く斯の如き放資を為して謬らす且製絲家をして低廉の原料を多額に買収せしめ得る所以のものは素より縣下製絲業か比較的健全の發達を遂け信用の基礎鞏固なるに因ると雖も一は亦中央市場の有力なる諸銀行か此重要産業を輕視せす本行を介して至大の援助を興へられたるに因らすんはあらす」（明治41年下季）

「此経営至難なる戦乱的恐慌期に際し本行か何等の失態無く能く静穏に経過し得たるもの素より中央銀行を始め幾多有力なる銀行の援助多きに依ると雖も抑亦本行か平素取引を慎重にし堅實の方針を主持せる結果として取引先製絲家其他の商工業家諸氏か能く隠忍自重時艱に堪え誠實に其業務に奮闘せられたるの致す処たらすんはあらす蓋産業界の爲深く慶し且誇りとすへき所たるを信す」
（大正3年下季）

　第十九銀行において最も与信判断の重要性を理解し同行の融資方針を作り上げたのは長年にわたって頭取を務めた黒澤であろう。黒澤は「当時最大の輸出産業であった製糸業に金融の途を与えてその発達を促進することは日本経済発展にとって極めて重要であるとの認識を深く持っていた」（山口編 1966, 156）と知られているが，彼自身初期に発生した同行の経営危機を経験し，また日本銀行・横浜正金銀行や大手市中銀行からの調達に奔走した当事者でもあり，自らの与信判断のレベルを上げて貸出資産の良質化を図らない限り安定的に貸出原資を調達できず，製糸業の育成支援が困難となり最悪の場合債務者である製糸家と共倒れとなってしまう危険性を熟知していたと思われる。これは1914（大正3）年の大戦勃発による経済梗塞に対しては外部情報を集め救済融資を断行し製糸家を底支えした一方，景気過熱期には1918（大正7）年に訓諭を発し同行の融資基本方針の徹底を図らせたことからも判る。

　第十九銀行の与信判断は，債務者との信頼関係及び銀行・製糸家・問屋の協力関係を基盤に置き，合理的な分析に基づいた緻密なもので，規律が乱れた経済活動を嫌うという特徴を持っており，そのレベルは現代と比べても遜色がない。この与信判断の背景には貸出原資の多くを他行から資金調達に頼るという経営体質

があった。第十九銀行が製糸業への支援育成を継続していくためには，与信者である日本銀行・横浜正金銀行・大手市中銀行からの確実な信用創造を得ることが必要不可欠で「製糸資金貸出計画書」策定の過程で行われた同行の与信判断は，受信者として安定した貸出原資の調達を確保するために必要な資産健全化の基礎作業でもあった。

お わ り に

「苟モ金融業者タルモノハ、先覚者タルヲ以テ自ラ任ジ、事ノ未発ニ備ヘ、噬臍ノ悔ヲ貽サザランコトヲ期スベシ」という黒澤の訓示は，同行の与信判断の姿勢を端的に表している。本稿では，第十九銀行を調査対象として明治・大正期における地方銀行の与信判断の分析を行い，同行が一世紀以上前に現在の自己査定に相当するような金融技術を有していたことを明らかにし，それは受信者としての資産健全化の基礎作業でもあったことを指摘した。

本稿が対象とした時代は，財務諸表分析はもとより製糸家側にも精緻な財務諸表の作成がなく，今日のように債務者から試算表や資金繰表等の提出を受け債務者の業況把握を逐次実施することは不可能であった。同行は不足する債務者の経営情報や製糸家達の行動を把握するのために「銀行－製糸家－問屋」による製糸金融のビジネスモデルを作り上げ，諏訪倉庫がそれを補完した。

第十九銀行は1920年を境にして横浜の問屋が力を失い，同行が明治以来構築してきたビジネスモデルが崩れたことから問屋金融機能の一部をも担わざるを得なくなり，生糸価格の低迷と製糸家の生産規模とのミスマッチ等を起因とする融資金の固定化が相まって自らの体力を消耗していくこととなる。それに伴い同行の与信判断も変化していったと推測される。

現在，地方金融は金融検査マニュアルによる画一的な融資手法から企業の将来性に力点を置いた事業性評価という手法に舵を切り新たなビジネスモデルを構築しようとしている。1920年以降の第十九銀行を調査研究することは，苦悩する今日の地方金融の課題を打開するヒントを得ることにつながる可能性を秘めている。製糸業の実質整理期における第十九銀行の与信判断を明らかにすることが今後の課題である。

引用文献
第十九銀行「製糸資金貸出計画書」
―― 「営業報告書」第52期－第86期

[法と経営研究 第2号(2019.1)]

森脇磐／堀越鐵蔵［1907］「長野縣山梨縣製絲業視察復命書」日本銀行

八十二銀行［1968］『八十二銀行史』三菱経済研究所監修

―― ［1983］『八十二銀行五十年史』朝倉幸吉監修

金城亜紀［2017］「1920年の戦後恐慌にみる第十九銀行と日本銀行信用への接続」『法と経営研究』創刊第1号信山社

―― ［2016］「第十九銀行の製糸金融における倉庫の役割」京都大学経済学会『経済論議』189（4）

―― ［2016］"The Rise of the Nineteenth Bank in Japanese Silk Reeling Finance: How a Regional Bank Provided Loans to Silk Reeling Manufacturers in the Early 20th Century".『学習院女子大学紀要』（18）

諏訪倉庫［2013］『諏訪倉庫百年史』

伊藤正直［1975］「製糸・養蚕業の動揺と地方銀行群の存在形態 ―― 1920年代の長野県を対象として」『土地制度史学』17（3）1 -26頁

片倉製糸紡績株式会社考査課［1941］『片倉製糸紡績株式会社二十年誌』

長野県史刊行会［1988］『長野県史』通史編第8巻近代2

箕輪五助［1906］『株式會社第十九銀行ト製絲業』

銀行研修社編［1997］『早期是正措置制度と資産の自己査定』銀行研修社

石井寛治［1999］『近代日本金融史序説』東京大学出版会

岡崎哲二［2006］「戦前期日本銀行の取引先政策」（IMES discussion paper series, No. 2006-J-14）日本銀行金融研究所

―― ［2007］「戦前日本における「最後の貸し手」機能と銀行経営・銀行淘汰」CIRJE ディスカッションペーパー 日本銀行金融研究所

岡谷市教育委員会［1994］『ふるさとの歴史・製糸業』

岸本義之／根本直子／本島奏史／山本真司／大久保豊編著［2003］『銀行経営の理論と実務』金融財政事情研究会

熊倉修一［2007］「中央銀行による金融機関検査の意義 ―― 日本銀行考査の変遷と課題」『東京外国語大学論集』第73巻117-148頁,

公文蔵人［2001］「明治中期の優等糸製糸経営：郡是製糸の革新性について」『横浜経営研究』第22巻2・3号115-129頁 横浜国立大学,

検査マニュアル研究会編［1999］『金融機関の信用検査マニュアルハンドブック』金融財政事情研究会

齊藤壽彦［2000］「戦前における銀行の貸出審査・信用調査と興信所」『金融法務21』第573号36-40頁578号63-69頁　金融財政事情研究会

蚕糸業同業組合中央会編［1925, 1926］『内外蚕糸絹物類輸出入統計』

全国地方銀行協会編［1974］「並木茂八郎氏を囲む製糸金融に関する座談会」『地方銀行史談第三集』（復刻版）

武田安弘［2005］『長野県製糸業史研究序説』信濃史学会

友岡賛編［2011］『会計学』慶應義塾大学出版会

長澤康昭［1988］「大正期における三菱財閥の銀行部門」『福山大学経済学論集』第12巻

1・2号 24-63頁

山口和雄編［1966］『日本産業金融史研究－製糸金融篇』東京大学出版会

株式会社ヤマト［1972］『ヤマト百年史』

永易浩一訳［1992］『日本経済の制度分析－情報・インセンティブ・交渉ゲーム』筑摩
書房（Aoki, Masahiko 1988. "Information, Incentive, and Bargaining in the Japanese
Economy". Cambridge, UK and New York: Cambridge University Press.）

帝国データバンク［2017］『ABL の課題に関する実態調査調査報告書』

全国銀行協会 - 銀行図書館－銀行変遷史データベース
（http://www.zenginkyo.or.jp/abstract/library/hensen/　最終閲覧日：2018年 7 月18
日.）

金融庁ホームページ
（https://www.fsa.go.jp/news/24/ginkou/20130205-1.html　最終閲覧日：2018年10月
3 日.）

付表

1917年（大正6年）格付先一覧

単位：円，％

前年取引（1916年）欄は「不動産（抵当）・証券貸・信用」の各列に対応する。

格付符号	債務者No.	鑑数	長野県内鑑数	問屋	為手年利	約手年利	小切手年利	5.15預金	5.15貸金	資金計	為手	約手	不動産（抵当）	証券貸	信用	乙約手	前貸小切手	歯質貸	カバー率	回収率	予想諸費用	適正債務比率	損益状況
	1	9,188	3,544	小野・原・茂木	5.48	-	6.57	798,019	0	2,273,900	290,000	550,000					1,983,900	0	0.0	100.0	2,430,961	0.94	
	2	6,019	3,015	茂木	5.84	6.57	6.94	23,514	0	2,058,360	150,000	250,000					1,358,360	0	0.0	100.0	1,592,507	1.29	
	3	9,179	3,000	原・茂木・渋澤	5.84	6.57	7.30	0	330,681	2,222,400	250,000	250,000				350,000	1,372,400	0	0.0	85.1	2,428,580	0.92	
	4	3,206	1,706	渋澤				31,146	0	484,230	200,000	200,000				200,000	84,230	0	0.0	93.6	848,243	0.57	
	5	2,491	1,180	小野・茂木				112,100	0	1,043,150	250,000	150,000				50,000	593,150	0	0.0	100.0	659,069	1.58	
	6	2,154	1,834	茂木・原				5,320	0	146,000		120,000					26,000	0	0.0	100.0	569,905	0.26	
	7	2,010	2,010	小野				0	1,945	948,980		100,000				180,000	568,980	0	0.0	99.8	531,806	1.78	
	8	1,198	1,198	小野				304,877	0	269,332		190,000					79,332	0	0.0	100.0	316,967	0.85	
(A)	9	1,813	553	大谷・茂木	8.40	7.30	8.40	0	298,900	816,910	50,000	50,000	46,800	2,880		70,000	284,730	362,500	50.5	63.4	479,684	1.70	
(A)	10	1,396	616	大谷・茂木				0	192,600	708,960	30,000	30,000	22,000			80,000	297,660	279,300	42.5	72.8	369,354	1.9	
(A)	11	1,194	840	茂木・神栄				0	52,774	291,100	40,000	40,000		3,200		50,000	155,900	20,000	8.0	81.9	315,909	0.92	
(A)	12	1,060	1,060	原				1,783	0	301,390	68,560	30,000		2,000		50,000	180,830	0	0.7	99.4	280,455	1.07	
(A)	13	1,053	1,053	渋澤				18,623	0	500,580	30,000	30,000				30,000	122,880	317,700	63.5	100.0	278,603	1.80	200,000
(A)	14	968	588	小野				0	108,454	295,900	50,000	50,000	50,000	3,200		70,000	0	122,700	59.4	63.3	256,113	1.16	
(A)	15	682	682	渋澤				4,000	20,000	495,400	30,000	30,000				20,000	58,200	367,200	74.1	96.0	180,444	2.75	93,000
(A)	16	625	265					20,000	0	13,300		13,300					13,300	0	0.0	100.0	165,363	0.08	
(A)	17	498	498	茂木				0	44,183	342,900	3,000	3,000	35,000			30,000	83,900	191,000	65.9	87.1	131,761	2.60	
(A)	18	458	458	原				144,317	0	95,720	20,000	20,000				10,000	65,720	0	0.0	100.0	121,178	0.79	
(B)	19	374	374	渡辺	8.76	7.67	8.76	0	18,177	142,530	15,000	15,000	15,000	1,100			21,830	89,600	74.2	87.2	98,953	1.44	50,000
(B)	20	1,040	1,040	渋澤				5,275	27,000	470,900	30,000	30,000	30,000				170,900	270,000	57.3	94.3	275,163	1.71	
(B)	21	545	545	金子				32,333	45,650	428,580			45,000	650		30,000	126,230	226,700	63.5	89.3	144,196	2.97	82,615
(B)	22	523	523	茂木				16,917	0	343,780							171,890	171,890	50.0	100.0	138,375	2.48	
(B)	23	467	467	大谷				0	2,360	83,550							83,550	0	0.0	97.2	123,559	0.68	
(B)	24	416	416	茂木				25,938	20,000	300,650	15,000	15,000	20,000			20,000	74,350	191,100	70.2	93.3	110,065	2.73	
(B)	25	406	406	大谷				9,700	0	307,530	10,000	10,000	22,000				59,080	196,450	71.0	100.0	107,419	2.86	
(B)	26	382	382	大谷				4,066	7,500	150,000			5,000				17,600	127,400	88.3	95.0	101,070	1.48	57,000
(B)	27	325	325	山田				50,971	5,000	165,000			5,000					160,000	100.0	97.0	85,989	1.92	
(B)	28	288	288	大谷				37,190	0	146,620							64,320	82,300	56.1	100.0	76,199	1.92	
(B)	29	242	242	大谷				0	9,000	164,730	9,000	10,000	12,600				52,530	89,600	62.0	94.5	64,028	2.57	34,750
(B)	30	215	215	大谷				15,958	9,500	151,550	15,000	15,000	9,500		200		22,750	104,300	75.1	93.7	56,885	2.66	
(B)	31	211	211	大谷				0	5,644	50,740	5,644		4,000	560			20,980	25,200	58.7	88.9	45,826	0.91	
(B)	32	161	161	茂木				5,300	0	48,920							6,000	42,920	87.7	90.9	42,597	1.15	
合計：32先		50,787	28,497		-	-	-	351,965	1,614,910	16,263,592	148,000	173,100	2,310	20,200		110,000	1,113,130	2,335,660	15.4	90.1	13,437,224	1.21	-

第十九銀行「製糸資金貸出計画書」より作成

前年取引欄の「不動産(抵当)」「貸証券(抵当)」「信用」は **前年取引 (1917年)** の区分である。

格付符号	債務者No.	釜数	長野県内釜数	問屋	為手年利	約手年利	小切手年利	5/15保金	5/15貸金	資金計	為手	約手	不動産(抵当)	貸証券(抵当)	信用	乙約手	前貸小切手	歩貸	カバー率	回収率	予想生産費用	適正債務比率	損益状況
A	1	10,146	4,026	小野・原・茂木・神栄	6.21	–	7.67	744,890	0	2,506,402	410,000						2,096,402		0.0	100.0	3,346,354	0.75	
B	3	10,341	3,001	原・茂木・神栄・渋澤	6.57	7.67	8.40	0	419,967	2,947,798	250,000	1,000,000					1,687,798		0.0	85.8	3,410,669	0.86	
B	2	6,114	3,028	茂木・原				0	331,393	2,837,788	200,000	1,050,000					1,587,788		0.0	88.3	2,016,519	1.41	
B	4	4,254	1,726	渋澤・神栄				7,500	0	799,219	0	350,000					449,219		0.0	99.1	1,403,054	0.57	
B	5	2,664	1,179	小野・原・茂木				65,165	0	982,069	250,000	200,000					532,069		0.0	93.4	878,640	1.12	
B	6	2,258	1,834	茂木・原				1,213	0	145,000	140,000						5,000		0.0	100.0	744,734	0.19	150,000
B	7	2,010	1,198	小野・原				349,429	0	771,795	100,000	200					671,595		0.0	100.0	662,938	1.16	
B	n1	1,198	904	小野				348	0	142,116	0	100,000					42,116		0.0	100.0	395,124	0.36	
C			732		6.57	8.40	9.13	5,000	0	140,000	50,000						90,000		0.0	100.0	298,157	0.47	
C	n2	1,402	904	茂木				4,000	0	504,400	5,000	200,000					227,400	72,000	14.3	100.0	462,408	1.09	25,000
C	12	1,069	1,069	原				0	0	186,735	0	12,500					156,135	18,000	9.6	100.0	352,578	0.53	
C	13	1,052	1,052	渋澤				92,253	0	595,034	0	80,000					161,934	353,100	59.3	100.0	346,971	1.71	50,000
C	16	625	265	原				0	0	0	0								0.0	0.0	206,138	0.00	
C	18	428	428	原				85,054	0	110,895	0						110,895		0.0	100.0	141,163	0.79	
D	9	1,930	584	大谷・茂木他	–	8.40	9.13	0	681,535	1,933,088	0	350,000	46,800	3,725			532,563	1,000,000	54.3	64.7	636,553	3.04	▲213,789
D	10	1,516	616	大谷・渋澤・神栄				0	446,984	1,179,395	0	282,000	22,000				477,395	398,000	35.6	62.1	500,007	2.36	▲121,700
D	11	1,140	786	茂木・神栄				0	183,696	603,517	0	130,000		3,200	22,000		228,317	220,000	37.0	69.6	375,995	1.61	
D	14	954	590	小野				0	234,908	584,586	0	120,000	50,000	3,200			131,586	279,800	57.0	59.8	314,648	1.86	▲27,680
D	15	732	732	渋澤				0	0	589,000	0	70,000					101,700	188,000	70.8	100.0	241,428	2.44	▲170,000
D	17	540	540	茂木				0	73,357	397,266	0	60,000	35,000				114,266	210,000	56.1	81.5	178,103	2.23	8,850
D	19	526	376	渡辺・星野				0	61,654	297,870	0	30,000					57,870	50,000	70.5	79.3	173,485	1.72	
D	23	517		茂木				28,555	0	176,981	0	30,000					126,981		28.3	100.0	170,517	1.04	
E	20	1,164	1,164	渋澤	–	8.76	9.49	0	113,713	559,613	0	50,000	45,000				123,613	406,000	72.6	79.7	383,910	1.46	7,200
E	21	661	661	茂木				0	131,438	709,820	0	25,000	20,000	650			166,170	448,000	69.5	81.5	218,011	3.26	▲24,868
E	24	416	416	大谷				21,798	0	292,615	0	30,000	22,000				60,615	187,000	70.7	100.0	137,205	2.13	
E	25	406	406	茂木				0	121,778	444,152	0	20,000	5,000				71,152	321,000	77.2	72.6	133,907	3.32	▲43,800
E	26	398	398	大谷				4,776	2,000	74,036	0						33,736	15,300	27.4	97.3	131,268	0.56	30,000
E	28	288	288	井上				5,026	0	125,094	0	10,000					66,094	49,000	39.2	100.0	94,988	1.32	
E	29	252	252	大谷				0	26,904	206,871	0	15,000	20,000				36,271	135,600	75.2	87.0	83,115	2.49	▲10,345
E	30	215	215	大谷				41,063	0	221,408	0	15,000	9,500				74,508	122,400	59.6	81.5	70,911	3.12	2,190
E	n3	205	205	茂木				6,700	0	140,100	0	15,000					2,000	123,100	87.9	100.0	67,613	2.07	
E	n4	193	193	原				0	6,566	56,399	0	10,000					29,499	16,900	30.0	88.4	63,655	0.89	
E	32	161	161	茂木				26,927	0	85,200	0						12,400	72,800	85.4	100.0	53,101	1.60	
E	31	89	89	大谷				0	6,221	51,668	0	10,000					15,168	26,500	51.3	88.0	29,354	1.76	
E	n5	35						0	0	0	0						0		0.0	0.0		0.00	
合計：35形		56,768	29,114		–	–	–	631,079	2,955,842	21,397,930	1,405,000	4,264,800	275,300	10,775	22,000	0	10,290,255	5,129,800	25.3	86.2	18,723,222	1.14	

第十九銀行「製糸資金貸出計画書」より作成

※ n は当年度から新たに格付を実施した先である。

単位：円，％

1919年（大正8年）格付先一覧

格付符号	債務者No.	釜数	長野県内登繭数	問屋	為手年利	約手年利	小切手年利	5/15預金	5/15貸金	資金貸計	前年取引 為手	約手	不動産（抵当）	貸証券	信用	乙手形前貸小切手	歩賃貸	カバー率	回収率	予想生産費用	過川償却率	損益状況	直近3年間平均回収率
A	1	10,146	5,064	小野・原・茂木・神栄	7.30	-	8.40	1,043,474	0	2,858,340	610,000	900,000				2,248,340		0.00	100.0	4,049,167	0.71		100.00
B	4	10,341	3,261	原・神栄・茂木					2,050,000	4,019,752	250,000	950,000				2,869,752		0.00	49.0	4,126,990	0.97		73.29
B	2	5,910	3,234	茂木・原					1,682,252	3,428,595	300,000	350,000				2,178,595		0.00	50.9	2,358,622	1.45		79.75
B	4	4,412	1,722	澁澤・神栄				1,829	122,148	752,447	100,000	200,000				402,447		0.00	83.8	1,760,785	0.43		92.13
B	7,8	3,351	2,017	小野	7.30	8.40	9.13	585,298	9,775	363,364	70,000	200,000				63,364		0.00	97.3	1,337,351	0.27		99.03
B	5	2,793	1,179	小野・原・茂木				91,153	589,290	1,146,025	250,000	120,000				696,025		0.00	48.6	1,114,658	1.03		80.65
B	6	2,369	1,849	茂木・原				11,013	70,000	190,000	50,000	50,000						0.00	100.0	945,444	0.20		100.00
B	n1	1,362	891	原				5,000		156,000						56,000		0.00	100.0	543,561	0.29		66.67
B	13	812	412	茂木・原					354,472	0		20,000						0.00	0.0	324,061	0.00		-
C	n2	1,402	732	茂木				108,803		269,696	50,000	8,000				199,696	368,000	68.99	100.0	559,524	0.48	130,000	100.00
C	13	1,120	1,065	澁澤	7.30	8.76	9.49	6,000	0	533,392		170,000		12,000	22,000	157,392		0.00	100.0	446,981	1.19	0	100.00
C	13	1,065	264	原				166,634	3,700	224,442		30,000				54,442		0.00	98.4	425,031	0.53		99.25
C	16	632	202	原					10,000	30,000								0.00	66.7	252,225	0.12		55.56
C	18	428	421	原						130,089						130,089		0.00	100.0	170,811	0.76		100.00
D	9	1,863	519	大谷・茂木・小野					1,385,635	2,377,633		200,000	496,800	3,725		722,108	955,000	61.06	41.7	743,505	3.20	▲56,360	56.63
D	10	1,516	616	大谷・神栄					577,384	1,573,108		430,000	250,000			513,108	380,000	40.05	63.30	605,020	2.60		66.00
D	11	1,240	834	田中・神栄					166,567	648,070		100,000				214,070	300,000	46.29	74.30	494,872	1.31	45,000	75.24
D	14	954	590	小野	-	8.76	9.49		291,792	672,325		100,000	100,000	3,200		231,125	238,000	50.27	56.60	380,732	1.77	▲20,317	59.92
D	19	776	376	渡辺・星野					87,688	254,595		30,000			10,000	64,595	150,000	58.92	65.56	309,694	0.82	0	77.37
D	15	732	732	澁澤					153,167	663,738		70,000	35,000			216,738	377,000	56.80	76.92	292,134	2.27	62,000	90.96
D	17	540	540	茂木					185,989	515,891		50,000				180,891	250,000	55.24	63.95	215,509	2.39	▲37,300	77.53
D	23	517	517	原				71,055	11,941	339,423		50,000				264,423	25,000	7.37	96.48	206,330	1.65	0	97.89
E	20	1,172	1,172	澁澤					186,000	657,500		30,000	45,000			221,500	406,000	61.75	71.71	467,733	1.41	▲35,000	81.89
E	21	661	661	茂木					135,085	747,350		50,000	22,000	650		198,700	453,000	66.64	81.92	263,798	2.83	29,910	93.61
E	25	526	526	茂木					140,606	406,190		30,000	20,000			133,190	221,000	59.82	65.38	209,921	1.93	▲6,472	79.32
E	24	416	416	大谷				21,798	32,478	259,500		20,000				84,900	134,600	59.58	87.48	166,021	1.56		-
E	26	398	398	大谷	-	9.13	9.86	26,749	4,999	267,288		22,000				59,288	186,000	69.59	98.13	158,838	1.68	9,414	-
E	27	375	375	山田				47,100	0	302,500		20,000				11,000	271,500	89.75	100.00	149,659	2.02		91.36
E	n4	332	332	井上				25,545	40,517	156,382		15,000				97,382	44,000	28.14	74.09	132,498	1.18	▲3,500	-
E	n3	202	202	原					20,753	69,717		10,000				28,617	31,100	44.61	70.23	80,616	0.86		-
E	32	161	161	茂木				32,327	0	147,057						50,557	96,500	65.62	100.00	64,253	2.29		100.00
合計：32先		58,524	31,280		-	-	-	2,243,778	8,242,238	24,160,409	1,680,000	4,225,000	968,800	19,575	32,000	12,348,334	4,886,700	24.24	65.89	23,356,343	1.03		-

第十九銀行「製糸資金貸出計画書」より作成

コラム 3　製糸産業の興隆と労働環境の整備

伊藤　弘人
（労働者健康安全機構）

　製糸産業の興隆を金融面から紐解く「1920年の戦後恐慌にみる第十九銀行と日本銀行信用への接続－繭担保が果たした役割」（金城，2017）は，当時の資料に基づき世界恐慌を乗り切る知恵と工夫を具体的に示している貴重なまとめと考えられる。主として産業金融の視点から論じられている本論のテーマである同時代における製糸業は，わが国の労働環境整備の観点からも重要な役割を果たしてきた。

　産業医学領域においては，この時期は，次の3点から語られることが多い。第1に，本論の時代は，1911年に成立し1916年に施行された工場法の施行時期である。製糸産業の隆興は，同時に優秀な職工の争奪問題という労働市場での変化への対応が必要な時代でもあった。千本（2008）の工場法成立史の分析によると，当初の工場法案は，職工の採用や移動の自由を制限することを目的に議論がなされていたという。しかし，江戸期の株仲間と同じように地域ごとに拘束力のある組織づくりを進めていた綿糸紡績業の同業者組織と，これを拒絶した株式会社との対立に始まる紛争の結果，同業者間の協定により職工を取り締まる手法は，もはや近代的産業では通用しないことが明らかになる。工場法案において，職工取締条項はこれ以降は削除され，もっぱら職工の保護の範囲と水準について議論されていった。

　第2に，工場法を契機として，職場での産業保健活動の制度化が始まった時代であった。職場での健康診断や巡視を行う医師の制度は，工場法の省令（旧工場危害予防及衛生規則）として，1938年に登場することになる（堀江，2013）。その背景には，女工の健康問題，特に集団労働となるために結核への対応が求められたという背景がある。工場法は，その後1947年施行された労働基準法に引き継がれ，また1972年には産業保健領域を集約した労働安全衛生が制定され，「産業医」が位置付けられることになる。

　第3に，自殺対策が社会的に始まった時期でもあった。自殺念慮のある製糸工女たちへの人道的支援として高浜竹世が設立した「母の家」は，労働問題に起因する自殺問題の初期の取り組みと考えることができる。

　経済発展と労働環境の整備は，現代においても通じるテーマである。2018年6

月29日に参議院で可決し成立した働き方関連法では，高度プロフェッショナル制度の創設とともに産業医機能の強化を盛り込んだ労働安全衛生法の改正が盛り込まれている。労働環境の整備と同時に，経済発展に寄与する施策を進めること，そして社会のバランスのよい発展につなげることの重要性を，金城(2017)は読者に投げかけている。

〔参考文献〕

金城亜紀（2017）.「1920年の戦後恐慌にみる第十九銀行と日本銀行信用への接続－繭担保が果たした役割」法と経営研究1

千本暁子（2008）.「日本における工場法成立史：熟練形成の視点から」阪南論集 社会科学編43：1-17, Available at：https://hannan-u.repo.nii.ac.jp/?action=repository_action_common_download&item_id=203&item_no=1&attribute_id=18&file_no=1（Accessed on July 24, 2018）.

堀江正知（2013）.「産業医と労働安全衛生法の歴史」産業医科大学雑誌 35, 1-26. Available at：https://www.jstage.jst.go.jp/article/juoeh/35/Special_Issue/35_1/_pdf/-char/en（Accessed on July 24, 2018）.

4 アムステルダム銀行の預金受領証は「銀行券」だったのか
── 受領証の性格が映し出す銀行券と銀行預金の同一性*

橋本　理博

Ⅰ　は じ め に
Ⅱ　預金振替決済の方法
Ⅲ　預金振替勘定と預金受領証の関係
Ⅳ　銀行券と銀行預金
Ⅴ　お わ り に

Ⅰ　は じ め に

　本稿の課題は，アムステルダム銀行が発行した預金受領証（recepis，以下「受領証」と記す）が「銀行券」と本質的に同じものであったのかどうか，また銀行券と銀行預金は本質的に同じなのかどうかを明らかにし，それを踏まえ，経済学・会計学・法律学における銀行券や預金通貨をめぐる諸課題を検討することである。

　シャルル・リスト（Charles Rist）によれば，18世紀の学者たちは「銀行券と，振替制度によって流通せしめられる記名式受取証（le billet de banque et l'inscription）とを区別しなかった」（Rist 1938, p.51）という。この「記名式受取証」こそ，17・18世紀オランダのアムステルダム銀行[1]が発行した受領証である。さらにリストは「今日の学者が新しいこととして述べている『預金通貨（La monnaie « scripturale »）』── 小切手によって移転される銀行預金 ── は，17・18

＊　本稿の内容は，日本金融学会中部部会（2018年3月5日，於・愛知学院大学）ならびに日本金融学会春季大会（2018年5月26日，於・専修大学）での報告がもとになっている。討論者の労をお取り頂いた高山晃郎先生（名城大学），金城亜紀先生（学習院女子大学），そしてフロアの先生方から有益なコメントを頂戴した。ここにお礼を申し上げる。言うまでもなく，本稿に残される誤りの責任は筆者にある。

（1）1609年1月31日にアムステルダムで設立された公立振替銀行（Wisselbank）のことを，既存の研究では「アムステルダム振替銀行」（石坂 1971），「アムステルダム銀行」（中谷 2006），「アムステルダム為替銀行」（名城 2011）と表記されているが，本稿では「アムステルダム銀行」で統一する。

世紀においてよく知られており，それはむしろ銀行券より以前から行われていた（…）ローはもとより，カンティロン，ガリアニ，それに遅れてソーントンといった当時の学者たちは，その便宜性の相違については別として，その本質についてはこの種の貨幣と銀行券の間に区別を設けなかったのである」(Rist 1938, p.51)と続ける[2]。つまり，18世紀の学者たちは，受領証と銀行券とを区別せず，かつ銀行券と預金通貨も区別しなかった，というのである。

アムステルダム銀行は，巨額の資金を扱う決済システムを運営したり，「公開市場操作」を行ったりと，「中央銀行」という概念が未だ存在しない近代初期において，事実上，今日の中央銀行に近い役割を果たしたと言われる (Quinn and Roberds 2007, 2009, 2014)。もっとも，19世紀以降のアムステルダム銀行に関する研究において，同行が発行した受領証を「銀行券」として捉える認識は稀であった。むしろ，発券を行わなかったというのが同行の大きな特色と認識されてきたと言えよう[3]。その受領証については，アムステルダム銀行が市場介入を行うための手段として機能したという点を強調する研究がある[4]。受領証は，アムステルダム銀行に硬貨を持ち込んだ者に対して発行され，紙面に記載されている価格を支払うことで特定の種類の硬貨をアムステルダム銀行から受け取れる権利を表章する紙券であったから，受領証の保有者から見れば，この紙券は固定価格で硬貨を入手できる「オプション」としての性格を持つことになる。アムステルダム銀行は，自らが市場でこの紙券を売買することで，市場に流通する硬貨量を調整することができたという。

確かに受領証はそういう機能を果たしていたであろうが，「銀行券」としての性格は長きにわたって忘れ去られてきたと言えよう。なぜだろうか。それは，リストが「銀行券と当座勘定とは本質的に異なるという偏見を形づくったのは，リカード派の独断と通貨主義によってもたらされた誤った概念であった」(Rist 1938, p.52) と述べるように，銀行券と銀行預金を本質的に異なるものと区別する考えに由来する。

19世紀イギリスにおいて，貨幣供給の原理をめぐって通貨主義（通貨学派）と

（2）なお「預金通貨（La monnaie « scripturale »）」は，英訳では "bank money"（Degras 1966, p.72）と，邦訳では「信用貨幣」（天沼 1943, 64頁）とされている。

（3）「近現代の中央銀行とは異なり，アムステルダム銀行は銀行券を発行せず，政府債の購入も行わず，割引窓口も操業していなかった」。Quinn and Roberds（2007）p.265.

（4）アムステルダム銀行に関する研究は枚挙に暇がないが，受領証の機能や同行による市場介入の役割を検討したものとしては，Mees（1838），van Dillen（1964），Neal（2000），Gillard（2004），van Nieuwkerk（2009），Dehing（2012），Quinn and Roberds（2007）（2009）（2014）等がある。

銀行主義（銀行学派）のあいだで論争が交わされた。通貨論争である。ここで議論の詳細に立ち入ることは控え，両派の主張の要点のみを整理しておく。リカードの貨幣理論を基礎に置く通貨主義は，銀行券と預金を明確に区別して，預金を「通貨」に含めない。彼らにとっての「通貨」とは銀行券と金属硬貨であり，その「量」の増減によって物価が上下すると理解している。そして彼らは，発券銀行が通貨の流通量を増減させることで，物価に影響を及ぼしうると考える。これに対して，銀行主義は，預金と銀行券を一体のものとして把握する。銀行券は貸付によって流通に送り出される信用授受の手段であって，そうしたものを発券銀行が自由に増減しうるものではないと考える（渡辺 1984, 257-272頁）。このように，銀行券の統制可能性に対する認識をめぐっては，銀行券と銀行預金の関係の捉え方がその違いを生んでいる。そして，この対立は幾多の論争を経て，今日のマネタリズムと反マネタリズムの論争に繋がっており，金融政策をめぐる認識にも影響を及ぼしている[5]。

　本稿の課題は，受領証の「銀行券」としての性格を明らかにすることであるが，それは単にこの紙券の忘れ去られてきた性格を呼び起こすだけにとどまらない。この受領証（銀行券）の銀行預金との同一性を明らかにすることで，現代の金融政策における銀行券の統制可能性をめぐる議論を検討する。さらに，受領証の性格を踏まえ，現代の決済システムが直面する諸課題，すなわち不換銀行券の債務性をめぐる会計学上の課題，預金通貨による支払いの弁済性という法律学上の課題も考察する。

　本稿の構成は次のとおりである。この「はじめに」に続いて，第2節では預金振替決済の方法を確認し，預金が通貨として機能していた実態をつかむ。第3節では，受領証がいかにして発行され，還流するのかを，アムステルダム銀行の帳簿を検討することで明らかにする。第4節では，受領証が「銀行券」としての性格を有していたこと，そして銀行券と銀行預金の同一性を明らかにする。これらを踏まえ，銀行券や銀行預金をめぐる現代の諸課題を検討する。

（5）通貨学派は，地金主義，貨幣数量説，マネタリズム等のいわゆる外生的貨幣供給論（外生説）の系譜に属する。また，銀行学派は，反地金主義，必要流通説，反マネタリズム等のいわゆる内生的貨幣供給論（内生説）の系譜に属する。政策面でいえば，金融緩和を目的に銀行券を「増刷」すべきとの主張は，銀行券は意図的に「増刷」させられるという認識に基づいているので，意識的であれ無意識であれ銀行券発行を外生説的に理解しているわけである。一方の内生説派は，銀行券とはその需要に応じて預金の一部が紙券というかたちで流通するものと考えるので，銀行券の発行量を意図的にコントロールできないと主張する。横山（2015）57-70頁，159-165頁を参照。

II　預金振替決済の方法

1　18世紀の「銀行券」

　さて，本節ではアムステルダム銀行の受領証が「銀行券」としての性格を備えていたことを明らかにする作業の前段階として，同行における預金振替決済の方法を検討していく。だが，そこに立ち入る前に，まずはリストのいう「当時の学者たち」にとっての「銀行券」がどのような性格を持っていたのかを確認しておきたい。18世紀には種々の紙券が流通していたが，本稿ではイングランド銀行が発行したランニング・キャッシュ手形を取り上げる。

　金井（2017）によれば，設立初期のイングランド銀行では，すでに支払指図書を用いた預金振替で決済を行う方法が普及しており，その預金（資金の預け入れ）に対してランニング・キャッシュ手形が発行されていた。この手形が，後のイングランド銀行券である。この手形は名宛人だけでなく持参人にも預金が支払われるもので，今日のイングランド銀行券とほぼ同様の「□□ポンド（額面）の金額を持参人に対して要求あり次第支払うことを約束します」（金井 2017，20頁）との文が記されていた。そして，預金に対して発行されたこの手形は，やがてイングランド銀行に還流し，同行と預金者間の債権・債務関係が消滅するとともに，その姿を消すという性質を持つものであった。当初は預金受領書であったランニング・キャッシュ手形は，手形割引などの各種業務でも発行されるようになるが，その本質は同行の債務証書に他ならなかった。さらに，18世紀末までは高額面券しか存在せず，当時の賃金水準を踏まえると，商品取引売買に使用できるものではなかったという。

　つまり，このランニング・キャッシュ手形（銀行券）が発行される基盤には預金振替決済の展開があり，発行された手形は，預金残高を増減させることで債権・債務の解消を遂行するものだったのである。こうした「銀行券」の特徴に着目して，アムステルダム銀行の受領証についても，その発行の基盤には預金振替による決済があったこと，そして預金残高の増減を通じて債権・債務関係を解消させるものであったことを確認していく。

2　アムステルダム銀行の預金振替決済

　では，預金振替決済の方法を確認する作業に入ろう。そもそも，アムステルダム銀行は粗悪な硬貨の流通を阻止し，為替手形の支払人と受取人が安定的に決済を行うことを目的として設立された公立銀行であった。1609年の開設以来，一定

の額面以上（600グルデン[6]，1643年以降は300グルデン）の為替手形の決済は同行で行われるべきことが定められ，預金口座数はピーク時の1720〜21年には2,918を数えた（Dehing and 't Hart 1997, pp.46-47）。主にアムステルダムで活動する商人や商社，金融業者などが[7]同行に置く口座を通じて振替決済を行っていた。

まず，顧客の勘定口座が設けられる「振替台帳（grootboek）」について確認しよう。振替は，各ページに開設された顧客の勘定口座へ記帳することで行われた。振替台帳の各ページには「1」から順に「フォリオ（folio）」と呼ばれる通し番号が振られ，これが実質的に口座番号としての役目を果たした。各ページは大きく左右に区切られ，左側は借方（debet）と，右側は貸方（crediet）と記載されている。振替台帳では，左側には資産の減少・負債の増加が，右側には資産の増加・負債の減少があらわれる。1つのフォリオへの記載件数が40〜50件になると，差引残高が算出され新たなフォリオの右側（貸方）に繰り越される[8]。

振替は，支払人が支払指図書（overschrijf briefjes）を銀行に宛てて発行し，他の口座保有者の勘定へ支払指図することで行われた。つまり，支払指図書は現代の小切手のような機能を果たすものである。図1は支払指図書の再現である。当初は手書きで作成されていたが，後に（書き込み用の空欄部分を設けた）印刷された支払指図書も使用されるようになった（Stadsarchief Amsterdam, 5077/1277 bijlagen bij de rekeningen. Colwell 1859, p.176）。筆者が便宜的に振った数字のついた空欄部分には，それぞれ，①フォリオ，②受取人の名前，③振替を指図する金

（6）1グルデン＝20スタイフェル（stuiver）である。「グルデン」の他に「フローリン（florin）」という通貨単位名が用いられる場合もあるが，両者は同じものと認識して差し支えはない。本稿では「グルデン」の表記で統一する。

（7）例えばアンドリース・ペルス親子商会（Andries Pels & Zoonen），ジョージ・クリフォード親子商会（George Clifford & Zoonen），ホープ商会（Hope & Co.）といった商人＝銀行家のほか，ジョン・ロー（John Law）やオランダ東インド会社（VOC）なども預金口座を開設していた。ケインズは『貨幣論』の中で，預金者の立場に応じて「銀行貨幣（bank money）」を「所得預金（income deposits）」「営業預金（business deposits）」「貯蓄預金（savings deposits）」に分類しているが（Keynes 1930, pp.30-43, 小泉・長澤訳 1979, 30-43頁），アムステルダム銀行の預金には利子が付かなかったので，預金者の立場からみれば同行の預金は「所得預金」もしくは「営業預金」としての性格を持つものであったと思われる。

（8）したがって，取引回数の多い口座保有者は1冊の台帳で複数のフォリオを使用することになる。また，1つのページが線引きで区切られ，1つのフォリオに複数の口座が記載される場合もある。振替台帳には「索引帳（index op de grootboeken）」が付属していて，各口座保有者がどのフォリオを利用しているのかを確認できるようになっている。なお，振替台帳は半年ごと（1月末）に締め切られ，2週間程度の検査期間を経て新たな台帳に更新された。年によって違いはあるものの，半年に2冊か3冊の振替台帳が使用された。

［法と経営研究　第2号（2019.1）］

Fol: …①…

　　　De Heeren Commissarissen van de Wisselbank gelieven te betalen

　　aan　　　……………………②…………………

　　de somma van　　　……………………③…………………

　　　Adtum in Amsterdam, den ………④………

_____

f. ………　　　　　　　　　　　　　　　　　　………⑤………

図1　支払指図書の再現

出所：Stadsarchief Amsterdam/5077/1277に収納されている，1727年9月5日付の支払指図書の文面をもとに作成。

額，④日付，が書き込めるようになっており，⑤の位置には支払人の署名が書かれる。①には，支払人のフォリオ番号が記入され，一目で支払人の口座が分かるようになっている。例えば，1727年9月5日に3,273グルデンの振替が指図された場合には，「振替銀行の委員へ，○○に対して3,273グルデンの金額をお支払いください。1727年9月5日，アムステルダムにて」と記された。

　これが銀行の窓口で呈示されれば，銀行職員が受け取り，支払いをする者の勘定の左側（借方）に日付，受取人名とそのフォリオ番号，金額を記入する。さらに，支払いを受ける者の勘定の右側（貸方）にも日付，支払人の名前とフォリオ番号，そして金額を記入する。これにより，支払人の資産（預金）が減少し，受取人の資産（預金）が増加するわけである。

　支払指図書は，その日付が17世紀のものから18世紀のものまで確認することができるので[9]，アムステルダム銀行における一貫した支払指図の手段であったとみて差し支えない。このように，同行では受領証の導入に先立って預金振替決済が行われていたのである。

（9）　なお，現存する手書きの指図書で最古のものには「1644年4月19日」の日付があるが（Dehing 2012, p.90），ミデルブルフの法律顧問サイモン・ファン・バーモント（Simon van Beaumont）によって記されたアムステルダム銀行に関する報告書（Ongeteekende memorie over de Amstedamsche Wisselbank, naar alle waarschijnlijkheid van de hand van Simon van Beaumont, pensionaris van Middelburg）には1615年12月10日付の支払指図書の文面の例が記されている（van Dillen 1925, p.33）。

Ⅲ 預金振替勘定と預金受領証の関係

1 アムステルダム銀行の預金受領証

　本節では，前節で確認した振替台帳に設けられた預金勘定と受領証の関連を検討していく。受領証は，1683年に正式導入された「正貨抵当貸付制度（speciebeleening）」に伴って発行が開始されたものである[10]。

　この制度が導入される以前の預金のあり方は，口座保有者が硬貨をアムステルダム銀行に預金することで自身の預金残高を硬貨の価値額分増加させる，というものであった。このとき，硬貨の所有権はアムステルダム銀行に移る。そのため，口座保有者が預金残高を現金化しようとする場合，かつて自身が預金した硬貨と同じものが得られるとは限らなかった[11]。これに対して，正貨抵当貸付制度は，口座保有者が硬貨をアムステルダム銀行に一定期間（6カ月）預託すれば，それを担保として，その期間に限り硬貨の価値額が勘定口座に貸付けられる，というものである。この時点では，硬貨の所有権は口座保有者に留まっている。硬貨が預託された際に預託者へ発行されたのが受領証であり，その保有者には表面に記載された（預託された）種類の硬貨を引き出す権利が与えられた。

　図2は，受領証の表面に記載された内容の再現である。筆者が便宜的に振った数字のついた空白部分には，それぞれ，①日付，②預託者の名前，③硬貨の種類と個数，④グルデンと⑤スタイフェル（stuiver）での評価額，が書き入れられる。例えば，10グルデン4スタイフェルのルイ金貨（Louis d'Or）が1,000個預託された場合，「○月○日，○○（名前）は一つの硬貨につき10グルデン4スタイフェルの評価額で，それらを6カ月以内に回収して当行に0.5％の金利を支払うことを条件に，1,000個のルイ金貨を預けた。6カ月が経ち，この条件を満たさなければ，上記の価格でその所有権を当行に引き渡すことになる」と書かれた受領証が発行される。6カ月以内であれば，受領証の保有者はアムステルダム銀行から硬貨を回収することができた。適用される利率は硬貨の種類によって異なり，金貨は0.5％，銀貨は0.25％，ドゥカトン（ducaton）貨は0.125％である。また，金

---

(10) 1683年以前にも，アムステルダム銀行は少なくとも2種類の紙券を発行している（Dehing 2012, pp.89-94）。

(11) 例えば，1640年から41年にかけて，アムステルダム銀行でリクスダールデル銀貨の備えが底をつくということが生じたとき，同行はリクスダールデル銀貨より金属含有量が約4％少ないパタゴン銀貨（デザインをリクスダールデル銀貨に似せた南ネーデルラント製の模造品）銀貨を代用して預金残高の現金化要求に対応している。Quinn and Roberds（2009）p.58を参照。

［法と経営研究　第2号(2019.1)］

```
Anno 17···      den·····················①······················
Heeft ·································②························· in Banco
gebracht ·····················③························ à ····④······    gl.
······⑤····· st. 't stuk, met die conditie dat hy gehouden zal zyn dezelve
binnen de tydt van ses maanden, daar wederom uyt te halen, mits
betalende aan de Banke een half percento, ofte dat die andersins,
naar expiratie van de voorsz. tydt, zullen verstaan werden ten voorsz.
pryse aan de Banke vervallen te zyn.
f ·······················
```

図2　預金受領証の再現（18世紀）

出所：van der Beek, Brzic and Pol, 2009, p.54.

利のみを支払うことで期間をさらに6カ月延長することもできた（van Dillen 1964, pp.102-103）。この制度を利用して預けられた硬貨は袋に詰められ，預けた者の氏名や硬貨の種類が記載された紙で封印された。

　この受領証は，果たして「銀行券」と呼べる性格を有していたのだろうか。それを明らかにするため，次に受領証と預金口座との関連を検討していこう。

2　預金振替台帳と正貨保管庫台帳

　実は，前節で検討した振替台帳には，アムステルダム銀行の金庫室である「正貨保管庫（specie kamer）」の勘定が設けられている[12]。他方，正貨保管庫における硬貨の出入は「正貨保管庫台帳（grootboeken van de speciekamer）」に記録されるので，この帳簿を確認すれば，硬貨の種類，袋数（個数），価値額，硬貨を持ち込んだ（引き出した）口座保有者名等を知ることができる[13]。そして，正貨保管庫台帳と振替台帳を照らし合わせれば，アムステルダム銀行への硬貨の持ち込みが振替台帳の預金残高を増加させること，硬貨の引き出しが振替台帳の預金残高を減少させることを確認できる。

---

(12) 1721年前半の振替台帳に設けられた「正貨保管庫」の勘定のフォリオは，1275, 1531, 1552, 1575, 1608, 1629, 1654, 1681, 1724, 1771, 1798, 1844である。Stadsarchief Amsterdam, 5077/241を参照。

(13) 正貨保管庫台帳は，大きく「大金庫（groot secret）」と「小金庫（kleijn secret）」に分けられている。両方とも，硬貨の種類別に整理されている。「大金庫」に記されるのは硬貨の種類と袋数，それに価値額のみであるが，「小金庫」はより詳細で，どの口座保有者が何の硬貨を持ち込んだのかを確認できる。また，期限延長による利払いも確認できる。Willemsen（2009）p.88を参照。

110

4　アムステルダム銀行の預金受領証は「銀行券」だったのか〔橋本理博〕

表1　ウッドワードの勘定（貸方）

（日付）	（相手）	(folio)	（金額）
6 Feb	Specie kamer	1275	100280：0：0
12	Specie kamer	1275	35440：0：0
14	Specie kamer	1531	40585：0：0
28	Specie kamer	1531	76015：0：0

出所：Stadsarchief Amsterdam, 5077/241/fol.1280より作成。

　それでは，まずは預けられた硬貨の価値額が，預託者の預金になっていること
を確認しよう。表1は，1721年前半の振替台帳におけるアーサー・ウッドワード
（Author Woodward）名義の勘定口座の右側（貸方）に記載された内容である。2
月6日に100,280グルデン，同12日に35,440グルデン，同14日に40,585グルデン，
同28日に76,015グルデンの資産の増加がみられる。他方，振替台帳にある正貨保
管庫の勘定の左側（借方）にも，同じ日付に同額の負債の増加がみられる
（Stadsarchief Amsterdam, 5077/241/fol.1275）。

　同年の正貨保管庫台帳と照らし合わせると，このウッドワード名義の勘定にお
ける資産（預金）の増加は，硬貨がアムステルダム銀行に持ち込まれることで生
じたことが分かる。表2は，1721年の正貨保管庫台帳から，2月6日，12日，14
日，28日についてウッドワード名義でアムステルダム銀行に持ち込まれた硬貨の
記録を取り出したものである。

　2月6日，リクスダールデル銀貨（1袋につき評価額480グルデン。以下，断りの
ない限り1袋は1,000個入り）26袋分が12,480グルデン，ドゥカトン銀貨（同600グル
デン）3袋分が1,800グルデン，ピラール銀貨（同2,200グルデン）2袋分が4,400グ
ルデン，メキシカン銀貨（同2,200グルデン）3袋分が6,600グルデン，ルイ銀貨（同
2,215グルデン）10袋分が22,150グルデン，ピストール金貨（1個につき8グルデン
14スタイフェル）500個1袋が4,350グルデン，ドゥカトン金貨（1個につき4グル
デン17スタイフェル）10袋分が48,500グルデンで，正貨保管庫に持ち込まれている。
これらを合計すると100,280グルデンとなり，ウッドワードの勘定の右側（貸方）
に記載されていた2月6日の預金額100,280グルデンと一致する。このように，
アムステルダム銀行への硬貨の持ち込みが，その者の預金残高を増加させている
ことが分かる[14]。

　こうした硬貨の預託によって受領証が発行されたと考えられるのだが，残念な
ことに，それを帳簿上で直接確認する術はない。なぜなら，アムステルダム銀行
の貸借対照表の負債側には受領証の項目がないからである。だが，正貨保管庫台

111

［法と経営研究 第2号(2019.1)］

表2 ウッドワード名義で預託された硬貨の内容（1721年2月）

（日付）	（硬貨の種類と評価額）	（数量）	（価値額）
2月6日	Ryxdaalder a 480 gl	26袋	12480：0：0
2月6日	Ducatons a 600 gl	3袋	1800：0：0
2月6日	Pylaren a 2200 gl	2袋	4400：0：0
2月6日	Mexicanen a 2200 gl	3袋	6600：0：0
2月6日	Silver Luisen a 2215 gl	10袋	22150：0：0
2月6日	Frans Pystolen a 8:14	1袋（500個入）	4350：0：0
2月6日	Goud Ducaton a 4:17	10袋	48500：0：0
		（合計）	100280：0：0
2月12日	Silver Luisen a 2215 gl	16袋	35440：0：0
		（合計）	35440：0：0
2月14日	Ryxdaalder a 480 gl	20袋	9600：0：0
2月14日	Ducatons a 600 gl	2袋	1200：0：0
2月14日	Pylaren a 2200 gl	1袋	2200：0：0
2月14日	Mexicanen a 2200 gl	3袋	6600：0：0
2月14日	Silver Luisen a 2215 gl	4袋	8860：0：0
2月14日	Goud Ducaton a 4:17	2袋	9700：0：0
2月14日	Goud Ducaton a 4:17	1袋（500個入）	2425：0：0
		（合計）	40585：0：0
2月28日	Ryxdaalder a 480 gl	16袋	7680：0：0
2月28日	Ducatons a 600 gl	4袋	2400：0：0
2月28日	Mexicanen a 2200 gl	2袋	4400：0：0
2月28日	Silver Luisen a 2215 gl	14袋	31010：0：0
2月28日	Frans Pystolen a 8:14	2袋（500個入）	8700：0：0
2月28日	Goud Ducaton a 4:17	4袋	19400：0：0
2月28日	Goud Ducaton a 4:17	1袋（500個入）	2425：0：0
		（合計）	76015：0：0

出所：Stadsarchief Amsterdam, 5077/1365/fol. 27, 33, 38, 40, 45, 51, 59より作成。
註：「gl」はグルデン。「8:14」は8グルデン14スタイフェル，「4:17」は4グルデン
　　17スタイフェル。硬貨名の綴りは原文のまま。

　帳には，持ち込まれた硬貨の種類，持ち込んだ口座保有者，価値額，期限延長時
の利払いも記載されており，なおかつ持ち込まれてから一定期間が過ぎた硬貨は
別の金庫に移されていることから，アムステルダム銀行は受領証の量を把握でき
ていたという指摘がある（Willemsen 2009, p.88）。
　次に，硬貨が回収される，すなわち受領証がアムステルダム銀行に還流する場
合を確認しよう。この場合，受領証に記載された金額に金利を加えた金額が，受

4　アムステルダム銀行の預金受領証は「銀行券」だったのか〔橋本理博〕

領証に記載された口座保有者の勘定口座から差し引かれることになる。

　では，アンドリース・ペルス親子商会を例にみてみよう。1721年2月28日，振替台帳における彼らの勘定口座の左側（借方）には21,306グルデンが記載されている。他方，正貨保管庫勘定の右側（貸方）にも21,306グルデンが記載されている（Stadsarchief Amsterdam, 5077/241/fol.1531, 1545）。これは，アンドリース・ペルス親子商会の勘定口座における資産（預金）の減少，正貨保管庫台帳の勘定における負債の減少を意味する。そして，1721年の正貨保管庫台帳のピストール金貨を保管する金庫の欄には次の記載がみられる。「28 ditto 2 saken a 1000 aan A Pels & Soonen mt 1/2% …… 21306：0：0（同月28日，アンドリース・ペルス親子商会に1,000個2袋を0.5％で）」[15]。これは，2月28日にアンドリース・ペルス親子商会，もしくは同商会の名義が記入された受領証を呈示した者に対して，ピストール金貨2袋が21,306グルデンで渡されていることを示すであろう記載である。同貨は1個当たり10グルデン12スタイフェルであるから，この21,306グルデンは2袋（1,000個入り）分の合計額21,200グルデンに利率0.5％（106グルデン）を加えた金額であることが分かる。したがって，この記載は受領証の呈示による硬貨の回収を示すものと考えられる。なお，硬貨が回収されず期間延長もされなければ，硬貨の所有権は預託者からアムステルダム銀行に移ることになったが，預託者は預金勘定に借り受けた金額を返済する必要からは解放された（van der Bocht 1896, p.211）。

　このように，受領証は，硬貨を担保とする預金通貨の貸付に伴って発行され，貸付額の返済によって消滅するものだった。つまり，受領証は，銀行預金と結びついており，貸借関係の生成なしには存在しえないのである。硬貨は金属商品と

---

(14)　2月12日，14日，28日も確認しておこう。12日，振替台帳に貸方記入された35,440グルデンは，同日金庫室に持ち込まれたルイ銀貨16袋分35,440グルデンと一致する。14日，振替台帳に貸方記入された40,585グルデンは，同日金庫室に持ち込まれたリクスダールデル銀貨20袋分9,600グルデン，ドゥカトン銀貨2袋分1,200グルデン，ピラール銀貨1袋分2,200グルデン，メキシカン銀貨3袋分6,600グルデン，ルイ銀貨4袋分8,860グルデン，ドゥカトン金貨1,000個入りが2袋と500個入りが1袋，それぞれ9,700グルデンと2,425グルデン，これらを合計すると40,585グルデンとなり，振替台帳の貸方に入金されていた金額40,585グルデンと一致する。最後に28日であるが，リクスダールデル銀貨16袋分7,680グルデン，ドゥカトン銀貨4袋分2,400グルデン，メキシカン銀貨2袋分4,400グルデン，ルイ銀貨14袋分31,010グルデン，ピストール金貨1袋500個入りが2つで8,700グルデン，ドゥカトン金貨1,000個入りが4袋で19,400グルデン，500入りが1袋2,425グルデン，これらを合計すると76,015グルデンとなり，振替台帳の貸方に入金されていた金額76,015グルデンと一致する。

(15)　Stadsarchief Amsterdam, 5077/1365/fol.56。綴りは原文のまま。帳簿における前項の記載から「同月」とは2月である。

113

[法と経営研究 第2号 (2019.1)]

して市況に応じて価格が変動していたので，先行研究で指摘されるように，受領証は硬貨を固定価格でアムステルダム銀行から得ることを可能にする「オプション」のような性格を持つと捉えることもできる（Quinn and Roberds 2009, p.66. Willemsen 2009, pp.82-83）。だが，受領証の背後には，担保としての硬貨の受け入れによってアムステルダム銀行から預託者に対して預金通貨の貸付が行わること，硬貨の回収によってその貸借関係が消滅するという特徴を看過してはならない。

では，本稿でこれまで検討してきた内容を踏まえつつ，銀行券と銀行預金の関連を考察してみよう。

IV　銀行券と銀行預金

1　銀行券と銀行預金の同一性

本論文の冒頭で引用したリストの指摘は，18世紀の学者たちは，①受領証と銀行券とを区別せず，②銀行券と預金通貨も区別していなかった，というものであった。

①について。受領証は，定額面ではなく，期限付きで，流通範囲も限られていた。したがって，「銀行券」と呼べないという指摘はあろう。しかし，アムステルダム銀行の受領証は明らかに同行の債務証書であり，機能面をみれば「消費者，商店，銀行のもつ預金残高を増減するための手段として使用されていると考えられ」（木下 2015, 25頁）る現代の日本銀行券と同様，預金残高を増減する手段として機能するものであった。この点，初期のイングランド銀行券も同様である[16]。また，受領証と同じく，初期イングランド銀行券も元々は預金受領証であり，預

---

(16) 17世紀後半のイギリスにおける，金匠（goldsmith）が発行した紙券について確認しておこう。Rogers（1995）では，17世紀後半イギリスにおいて，金匠の預金業務は不統一であり，金匠のもとにある預金を譲渡することを可能にするのに様々な方法があったと述べられている。「金匠に当座預金口座（running cash account）を持っている者は，『預金引出手形（drawn note）』を書き，金匠に支払いをするよう指示することができ，（…）また，金匠が預金額に対し複数枚の預り証（note）を発行した場合，預金者はこの預り証を裏書することで支払いができた」。また，「金匠銀行家は時に，口座開設時に預金者に対し，預金総額を表すただ一通の預り証（note）か領収証（receipt）を与えることがあった。その後，この顧客が預金を引き出したり，あるいはこの銀行家に他者への支払いを指示したりしたとき，この引出額や支払額は，現代の預金通帳とだいたい同じようなやり方で，この預り証に記された額面から控除された。時には，これらの預り証は，顧客または預り証の持参人に預金額を支払うと銀行が約束した形で書かれることがあった」（Rogers 1995, pp.175-176. 川分訳 2011, 180頁）。

4 アムステルダム銀行の預金受領証は「銀行券」だったのか〔橋本理博〕

金口座の存在を前提として発行されるものであった。さらに，アムステルダム銀行の受領証は，硬貨を担保とする預金の貸付に伴って発行されるものであり，硬貨が回収され預金の返済ともに消滅するものであった。つまり，銀行と預金者間の債権・債務関係の解消とともに消滅するという特徴を有するという点でも，初期イングランド銀行券と共通する。このことから，紙面の記載内容など異なる点は存在するものの，両紙券は本質的には同じ性格を持つものとみなせる。

　②については，つまるところ，預金と銀行券は一体として把握すべき，ということになる。以下の引用は，アムステルダム銀行の受領証と銀行預金についても妥当する部分がある。「預金も銀行券も共に信用関係の生成なしには生まれえないという共通性をもつが，それは別々の二つのものが同一性格をもつという意味ではない。決済は狭義の預金振替によっても銀行券の受け渡しによっても行われるが，銀行券受け渡しの場合にも，渡される銀行券が（渡す人とは別人によってであれ）預金口座から引き出された時点から，受け取られた銀行券が（受け取った人とは別人であれ）預金口座に預け入れられる時点まで視野におさめれば，結果的には『ある預金の残高を減らして他の預金の残高を増やす』すなわち預金振替が起こっていることが分かる。つまり銀行券は，その受渡しによる決済さえ預金とは無関係には行いえないのである」（金井 2017, 25頁）。

　本稿では，受領証の流通のあり方までは検討できなかったが，受領証は譲渡可能でありアムステルダム取引所での取引対象にもなっていたばかりか，「貨幣のように流通した」（de Vries and van der Woude 1997, p.134. 大西・杉浦訳 2009, 123頁）とも言われる。もし受領証が預託者から別の者に譲渡され，その者がアムステルダム銀行に受領証を呈示して硬貨を入手するならば，預託者の勘定口座では資産（預金）が減少するし，別の者は資産（硬貨）を得る。もし受領証そのものが預金されれば，勘定口座で預金額を増加させられる。この点，実際に受領証そのものが預金されるのかどうか本稿では確認できなかったが，Neal（2000）では次のように述べられている。「アムステルダム市場において多数の顧客と取引する商人は，硬貨よりも受領証を預金することで素早くアムステルダム銀行における彼の預金残高を増加させることができた」（p.121）。だとすれば，受領証は流通に投じられてその所有者を変えていくことで，アムステルダム銀行における預金残高を増減させる働きができたわけである。このように，銀行券も預金も信用関係の形成により発生するものなのである。確かに，銀行券は預金とは異なって物理的な媒体であるから，偽造の可能性があったり運送や保管にコストがかかったりという側面はある。だが，預金振替決済を根源とするという意味で，「その便宜性の相違については別として」（Rist 1938, p.51—傍点は引用者）両者は本質的に

115

同じとみなせる。

2 受領証の現代的意義

さて，これまでの検討から，18世紀の受領証は「銀行券と銀行預金の同一性」を映し出した。これは，現代の私たちに何を示唆するだろう。

それは，第一に発行体が銀行券発行を直接に統制することは不可能であるということである。本稿の冒頭で，貨幣供給のあり方をめぐって外生説と内生説の対立があることを確認した。外生説派は銀行券と預金と明確に区別して，預金を「通貨」に含めず現金の代替物と捉え，発券銀行が通貨の流通量を増減させうると考える。対して，内生説派は，預金と銀行券を一体のものとして把握して，信用授受の手段である銀行券を発券銀行が自由に増減しうるものではないと考えるのである。

受領証は，アムステルダム銀行と預金者との間の信用関係の生成によって発行されるものであった。信用関係を前提として発行される受領証を外部から意図的にコントロールすることは不可能である。その不可能性は，本質を同じくする現代の銀行券にも当てはまる。したがって，通貨主義に代表される外生説派の主張，そして銀行券発行量を中央銀行が直接統制できるという認識を前提とした金融政策の議論は非現実的であると言わざるをえない。

第二に，中央銀行が発行する不換紙幣に債務性を認めることは可能ということである。中央銀行が発行する不換紙幣は，金貨等による弁済がなされないにもかかわらず，中央銀行の貸借対照表では負債に計上されている。不換紙幣には債務性が認められないとする説（三宅 1970, 134頁）もあるが，金貨への交換が保証されていなくとも「銀行券所有者は市場で商品を買うことによって，銀行券という債権の弁済を受けたのと同じ結果を得る」（西川 1984, 47頁）との指摘のように，不換紙幣の債務性を認める説もある。不換銀行券に債務性を認めるとすれば，それに対応する資産は何かということになるが，小栗（2015）では「中央銀行は，銀行券を発行する場合，保証物件・見返り資産を取得する形で中央銀行の外との間で債権・債務関係を形成して」（小栗 2015, 95頁）いるため不換銀行券が中央銀行の債務であることは明らかであり，銀行券債務に対しては保証物件・見返り資産が資産として対応するとされる。したがって，不換銀行券の「シニョレージ（seigniorage, 通貨発行益）」は，「硬貨の額面価値と製造費用の差益」という意味ではなく，「銀行券発行の見返りである有利子金融資産の金利収入から日本銀行券の製造費用（その他経費を含む）を差し引いた額」（小栗 2015, 101頁）と認識されている。

４　アムステルダム銀行の預金受領証は「銀行券」だったのか〔橋本理博〕

　実際には，銀行券は中央銀行預金の一部が引き出される形で発行されており，銀行券は預金通貨が一時的に振り替わったものである。つまり，預金と銀行券とが等価で交換されているわけである。預金通貨は預金者に対する銀行の債務なので，国債と銀行券の関係を持ち出すまでもなく，不換銀行券が負債として計上されることに正当性は認められよう。

　第三に，口座振込みによる支払いに「本旨弁済」を認めることも可能ということである。法律学の分野では，預金通貨による支払いには，銀行倒産，銀行による相殺，および他の債権者からの差押等の危険性があるため本旨弁済とは言えないとする説（磯村編 1970，258頁。加藤他編 1976，316頁。後藤 1986，70頁。奥田編 1987，141頁）と，預金による支払いは本旨弁済と考えられるとする説（道垣内 2000，61頁。深川 2016b，188頁）とがある。

　預金通貨による支払いに本旨弁済を認めない説の背後には，銀行券（現金）と預金を本質的に異なるものと捉える認識があるように思われる。「金銭債務における弁済は通貨をもつてなすべきであるから，通貨以外の物または権利の引渡は弁済のためまたは弁済に代えてなされるにとどまり，当然には債務の提供とならぬのが原則である」（磯村編 1970，258頁）。だが，歴史的に見れば，預金による支払いは銀行券の登場に先立って行われおり，銀行券は預金口座の存在を前提として世に出現するものであった。本源的には，銀行券が先に存在してそれが預金を生むわけではないのである。預金による支払いは，口座における金銭的価値を他者に移転させることであるが，決済システム全体でみれば銀行券も同様の機能を果たしている。預金と銀行券の同一性という視点で捉えれば，預金による決済を「本旨弁済」と認めることが可能であろう。

　そして，第四に，現行の銀行券の預金による決済システムが，暗号通貨のシステムによって補完・代替される可能性が考えられる，ということである。木下 (2015) によれば，「通貨，市場，法律がきちんと機能するためには，決済が確実かつ便利に行われる枠組み，すなわち『決済システム』の存在が不可欠」（９頁）であるが，「決済と通貨がうまく機能するかどうかは，相互に循環的な関係にあること」（11頁）すなわち「決済をきちんと行えるものが通貨となる一方，通貨として使いやすいものによることで決済をきちんと行うことができるという相互作用」（34頁）が必要条件であるという。そして，今日の銀行券と預金による決済システムも唯一のあり方ではなく，暗号通貨が「銀行券や預金を代替する」(165頁）との可能性も示唆される。

　本稿で明らかにしてきたように，アムステルダム銀行の受領証は，同行の預金口座を増減させるための手段として機能するものであった。だが，それは同行の

117

設立当初から計画された制度ではなかった。同行では設立当初から預金振替による決済が行われていたものの，受領証が導入されたのは設立から約80年を経てのことである。銀行が硬貨を担保として受け取り，預金通貨を貸し付けるという制度に伴って発行が開始された受領証は，預金通貨の利便性を向上させるための手段と捉えることもできる。

　これを踏まえれば，預金残高を増減させるという機能を銀行券が担う必然性はなく，例えば「現在の硬貨や銀行券と同様，顧客間での少額の決済を行ったり，銀行に持ち込んで預金残高を増減させたりする手段として，暗号通貨のシステムを用いる」（木下 2015，169頁）ことが，価値の安定等の条件が整えば，可能であることは想像に難くない。「預金にかかわる法制度は経済活動のなかから自生的に生じたシステムを前提としたものにすぎ」（木下 2015，183頁）ず，「市中銀行，中央銀行，政府といった組織は，その時々の必要を満たすための流動的な存在」（184頁）と考えられるからである。

V　おわりに

　さて，本稿ではアムステルダム銀行の受領証が，18世紀の学者たちの言うように，「銀行券」と本質的に同じであるかどうか，また銀行券と銀行預金は本質的に同じなのかどうか検討してきた。受領証は，銀行と顧客間における債権債務関係が形成されることで発行され，それが解消されることで消滅するものであった。また，受領証と銀行預金は不可分の関係にあり，受領証は銀行の預金残高を増減させる手段として機能していた。こうした特徴は，18世紀の「銀行券」イングランド銀行のランニング・キャッシュ手形や現代の銀行券とも共通する。もちろん，受領証と現代の銀行券とのあいだに違いがあることは否定できず，便宜性や制度面での違いはあるものの，預金振替と不可分だという点に銀行券の根源性がある。

　銀行券と銀行預金の同一性という視点で見れば，債権債務関係の生成を前提として発行される銀行券を発行体が直接統制しえないことは明らかであり，不換銀行券を発行銀行の貸借対照表の負債に計上することも正当化できる。さらに，法律学で問題とされる預金通貨による支払いの弁済性についても，それを「本旨弁済」と捉えることもできよう。そして，銀行券と預金による決済システムのあり方も決して普遍的なものではなく，暗号通貨のシステムが預金残高を増減させる手段として導入されていく可能性が十分に高いことを，我々に認識させてもくれるのである。

　最後に，今後の課題を述べて論を閉じたい。本稿は，アムステルダム銀行の一

時点における帳簿内容の検討に留まった。そこで，時間軸で見れば，なぜ受領証が生まれるに至ったのか，また19世紀初頭にアムステルダム銀行がその歴史に幕を閉じることでオランダの決済システムがいかなる変容を遂げたのかを検討する必要がある。また，空間軸で見れば，アムステルダム銀行のみならず，同時代におけるイングランド銀行の，そして明治期日本における日本銀行の預金による決済システムがいかに構築されたのかも検討しなければならない。それができれば，銀行券という金融手段がいかに生まれるのかがより明らかになるだろう。これらの課題に引き続き取り組みたい。

史料（アムステルダム市立文書館〔Stadsarchief Amsterdam〕所蔵）

5077 Archief van de Wisselbank
・241: Grootboeken'159' 3e deel, 01/01/1721-31/07/1721.
・1277: 1277 Bijlagen bij de rekeningen, 1658-1807.
・1365: Grootboek van de speciekamer, 1721.

参考文献

Beek, M. van der, A. Brzic and A. Pol, 2009. The coinage of the Dutch Republic. M. van Nieuwkerk ed. *the Bank of Amsterdam: on the origins of central banking*. Amsterdam: Sonsbeek Publishers.

Borcht, R. van der, 1896. A history of banking in Netherlands. Editor of Commerce and Commercial Bulletin ed. *A history of banking in all the leading nations; comprising the United States; Great Britain; Germany; Austro-Hungary; France; Italy; Belgium; Spain; Switzerland; Portugal; Roumania; Russia; Holland; The Scandinavian Nations; Canada; China; Japan*. New York：A. M. Kelley.

Cantillon, R., 1755. *Essay de la nature du commerce en general*. Reprinted in 1979, Tokyo: Kinokuniya Book-Store Co., Ltd. 津田内匠訳（1992）『商業試論』名古屋大学出版会

Colwell, S., 1859. *The ways and means of payment*. Philadelphia. Reprinted in 1965, New York: A. M. Kelley.

Dehing, P., and M. 't Hart. 1997. Linking the fortunes: currency and banking, 1550-1800. M. 't Hart, J. Jonker, and J.L. van Zanden, eds. *A financial history of the Netherlands*. Cambridge: Cambridge University Press.

Dehing, P., 2012. *Geld in Amsterdam: Wisselbank en wisselkoersen 1650-1725*. Hilversum: Uitgeverij Verloren.

Dillen, J.G., van, 1925. *Bronnen tot de geschiedenis der Wisselbanken：Amsterdam, Middelburg, Delft, Rotterdam*. 's-Gravenhage: Martinus Nijhoff.

—— van, 1964. The Bank of Amsterdam. J.G. van Dillen ed. *History of the principal*

[法と経営研究　第 2 号(2019. 1)]

public banks. 2nd edition. London: Frank Cass & Co., Ltd.

Gillard, L., 2004. *La Banque d'Amsterdam et le florin européen au temps de la République néerlandaise（1610-1820）*. Paris: L' ècole des hautes ètudes en siences sociales.

Keynes, J.M., 1950. *A Treatise on Money: Volume 1, the Pure Theory of Money*, London. 小泉明・長澤惟恭訳（1979）『ケインズ全集第 5 巻―貨幣論 1：貨幣の純粋理論』東洋経済新報社

Mees, W.C., 1838. *Proeve eener geschiedenis van het bankwezen in Nederland gedurende den tijd der Republiek*. Rotterdam: W. Messcuert.

Neal, L., 2000. How it all began: the monetary and financial architecture of Europe during the first global capital markets, 1648-1815. *Financial History Review* 7(2)： 117-40.

Nieuwkerk, M. van, ed. 2009. *the Bank of Amsterdam: on the origins of central banking*. Amsterdam: Sonsbeek Publishers.

Polak, M.S., 1998. *Historiografie van de 'muntchaos': de muntproductie van de Republiek, 1606-1795*. Amsterdam: NEHA.

Quinn, S. and W. Roberds, 2007. The Bank of Amsterdam and the leap to central bank money. *The American Economic Review* 97(2)：262-65.

―― , 2009. An economic explanation of the early Bank of Amsterdam, debasement, bills of exchange and the emergence of the first central bank. J. Atack and L. Neal eds. *The origins and development of financial markets and institutions: from the seventeenth century to the present*. Cambridge: Cambridge University Press.

―― , 2014. How Amsterdam got fiat money. *Journal of Monetary Economics* 66: 1-12.

Rist, C., 1938. *Histoire des doctrines relatives au crédit et a la monnaie depuis John Law jusqu'a nos jours*, Paris：Recueil Sirey. Tanslated by J. Degras, 1966. *History of monetary and credit theory from John Law to the present day*. New York: A. M. Kelley. 天沼紳一郎訳（1943）『貨幣信用学説史』実業之日本社

Rogers, J.S., 1995. *The Early History of the Law of Bills and Notes: A Study of the Origins of Anglo-American Commercial Law*, Cambridge. 川分圭子訳（2011）『イギリスにおける商事法の発展 ―― 手形が紙幣となるまで』弘文堂

Vries, J. de, and A. van der Woude, 1997. *The first modern economy: success, failure, and perseverance of the Dutch economy, 1500-1815*. Cambridge: Cambridge University Press. 大西吉之・杉浦未樹訳（2009）『最初の近代経済 ―― オランダ経済の成功・失敗と持続力 1500-1815』名古屋大学出版会

Wee, H. van der, 1977. Monetary, credit and banking systems. E.E. Rich and C.H. Wilson eds. *The Cambridge economic history of Europe V*. Cambridge: Cambridge University Press.

Willemsen, R., 2009. The activities of the Bank of Amsterdam. M. van Nieuwkerk ed.

the Bank of Amsterdam: on the origins of central banking. Amsterdam: Sonsbeek
　Publishers.
石坂昭雄（1971）『オランダ型貿易国家の経済構造』未来社
磯村哲編（1970）『注釈民法(12) 債権(3) 債権の消滅』有斐閣
奥田昌道編（1987）『注釈民法(10) 債権(1) 債権の目的・効力』有斐閣
小栗誠治（2015）「銀行券，シーニョレッジの本質とその会計的把握」『彦根論叢』405号
加藤一郎・林良平・河本一郎編（1976）『銀行取引法講座　上巻』金融財政
金井雄一（2015）「最終講義：金融史研究におけるピール銀行法の意義 —— 内生的貨幣
　供給論および信用先行説の視点を取り込んで」『経済科学』62巻4号
　—— （2017）「銀行券が預金されたのか，預金が銀行券を生んだのか —— 初期のイン
　グランド銀行券が示す外生的貨幣供給論の非現実性」『歴史と経済』237号
木下信行（2015）『決済から金融を考える』一般社団法人金融財政事情研究会
後藤紀一（1986）『振込・振替の法理と支払取引』信山社
内藤敦之（2011）『内生的貨幣供給理論の再構築 —— ポスト・ケインズ派の貨幣・信用
　アプローチ』日本経済評論社
名城邦夫（2011）「17世紀前半西ヨーロッパにおけるニュルンベルク為替銀行の意義
　—— アムステルダム為替銀行との比較を中心に」『名古屋学院大学論集　社会科学篇』
　48巻1号
田中英明（2012）「セントラル・バンキング論の再考のために —— 中世後期以降の決済・
　信用機構とアムステルダム振替銀行」『彦根論叢』394号
　—— （2017）『信用機構の政治経済学 —— 商人的機構の歴史と論理』日本経済評論社
道垣内弘人（2000）「普通預金の担保化」中田裕康・道垣内弘人編『金融取引と民法法理』
　有斐閣
中谷俊介（2006）「アムステルダム銀行の預金と貿易取引（1610-1683年）」『日蘭学会会
　誌』31巻1号
西川元彦（1984）「中央銀行 —— セントラル・バンキングの歴史と理論」東洋経済新報社
橋本理博（2013）「アムステルダム銀行におけるマーチャント・バンカーの決済傾
　向 —— ホープ商会の事例」『経済科学』61巻3号
深川裕佳（2015）「預貯金口座に対する振込みによる弁済の効果（1）フランスにおける
　近年の議論を参考にして」『東洋法学』59巻1号
　—— （2016a）「預貯金口座に対する振込みによる弁済の効果（2）フランスにおける
　近年の議論を参考にして」『東洋法学』59巻2号
　—— （2016b）「預貯金口座に対する振込みによる弁済の効果（3・完）」『東洋法学』
　59巻3号
三宅義夫（1970）『マルクス信用論体系』日本評論社
楊枝嗣朗（1988）『貨幣・信用・中央銀行 —— 支払決済システムの成立』同文館
横山昭雄（2015）『真説　経済・金融の仕組み』日本評論社
渡辺佐平（1984）『地金論争・通貨論争の研究』法政大学出版局

コラム *4* 働き方改革の意識改革

齋藤　由里子
（キャリア・コンサルタント）

「『働き方改革』なんて笑っちゃう。ヨットのレース中は殆ど眠らないで24時間働いているけど，全部やりたいことだから問題ない。常に楽しい。大事なのは時間じゃなくて自分の意志と目的意識なんだ。」

海洋冒険家，白石康次郎氏の言葉だ。

でも，白石氏のように好きなことをそのまま仕事にできているのはレアケース。多くの社会人は，「やりたいこと」と，「やるべきこと」との折り合いをつけて働いている。そして，これまでの日本社会では長らく，ワーク・ライフ・バランスという言葉が狭い意味に捉えられ，育児や介護を中心とした両立支援制度の充実度合ばかりがフォーカスされ，各種制度利用者は，非利用者との働き方の差に悩んできた。

それがこの1-2年，大企業を中心に，全従業員を対象とした，職場全体で働き方を見直すムードがぐっと出てきた。これは，6月29日に参院本会議で可決された働き方改革法案にまつわる政府議論のアナウンスメント効果でもあり，良い流れと言える。

一方，職場では，こんな声が多く聞こえる。

「上司は『残業すると怒られるから，帰って〜』としか言わない」

使命感を感じ，主体的にガシガシ働いて職場を支えている方にとって，こんなにモチベーションが下がる指示は無い。こういう方は，高度プロフェッショナル制度の対象の「専門性が高く，且つ高所得の一部の職種」だけでなく，現場のあちこちに居るものだ。この状態を放置していては，日本の産業自体が危うくならないか？と心配になる。

「仕事が減らないのに早く帰されるから，結局喫茶店でやっている」

せっかく時間外労働の罰則付き上限規制を設けても，闇残業やサービス残業が増えては，法改正の意味が無い……。

何故このようなことが起きるのか？それは，働き方改革の本質を見据えていな

いから。

労働時間は結果にしか過ぎない。大事なのは働くプロセスを見直し，生産性を高め，さらに新しい価値を産む仕事やプライベートに時間とエネルギーを割ける状態にすること。具体的には，既存業務の目的の確認，人・モノ・金・時間の費用対効果のレビュー，無駄な仕事や生産性の低い仕事を止める決断，人財育成と権限移譲による意思決定プロセスの簡素化等……つまり経営の基本のひとつ，Business Process Re-engineering である。そんなことは当たり前？でも，その当たり前が出来ていないことが，いかに多いことか！

「ずっと前からやっているから」，「エライ人が言っているから」と思考停止していたり，在宅勤務やペーパーレスなど，ハード面での制度改革だけにとらわれていたりしていては，真の改革は進まない。

他方，

「法で規制してくれて，早く帰っていいなんて，ラッキー！毎日飲みに行けちゃう！」
とウキウキしている人が増えていることも気になる。

働き方改革は，飲むためにやるのではない。家庭責任や地域責任を果たす必要があるのは勿論のこと，人生100年時代の今，自分のキャリア形成に積極的に取り組み，組織内価値だけではない自分の市場価値を向上させていくために，たゆまぬ自己研鑽をしたり，社外ネットワーク拡大を図ったりする必要がある。残業を減らして産み出した時間は，そういう未来への投資に使う必要があるはずなのに……ここで気が付いて行動している人と，そうでない人の差は開くばかり。

厚生労働省のある方はこう言う。

「立法では，時代の半歩先を目指すものだ。ゼロ歩では意味が無いし，一歩先ではついてこられない人も多くなって，賛成してもらえない。」
確かに，組織の大小を問わず，全てに影響を及ぼしてしまう立法に先駆者的なものを求めるのは無理がある。よって，働き方改革法案は，今後施行に向けて官民で準備が進んでいくが，それだけでは真の働き方改革は進まない。そして，今の流れを最大限活かすためにも，私達一人ひとりが働き方改革を進める本当の目的を理解し，本質的に自分の意識と行動を変えていく必要がある。また，経営者は，今回の立法趣旨を正しく理解し，自身の経営に活かすことが求められる。働き方改革は，まさに「法」と「経営」の連携プレーで実現するといえよう。

私自身は，大き目の企業組織に四半世紀勤め，現在管理者の端くれだ。同時に，

以前労働組合の専従を勤めた折，ワーク・ライフ・バランスの労使プロジェクトを立ち上げ推進したことをきっかけにキャリア・コンサルタントの資格を取得，以来10年間活動しているパラレルワーカーでもある。その経験から，働き方を本質的に変えるためには，意識・風土改革こそが一番重要だと考えている。

　そして，冒頭の白石氏が言うように，大事なのは目的意識。あなたは，何のためにその仕事をするのか？私達は，何故働き方を変える必要があるのか？それを考え理解するところから，真の改革が始まる。

　働き方改革の究極の目的は，組織にとってはダイバーシティの，個人にとっては真のワーク・ライフ・バランスの実現であり，各テーマの関係性は以下の図の通りである。

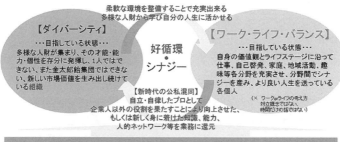

　つまり本法案は，労使，とりわけ経営者の取り組みが不十分であった課題を，政府が法律を制定することにより解決することを促すものであると理解すべきではなかろうか。働き方改革の立法目的を実行に移すのは，経営の責任である。私自身，これからも管理職として経営の一端を担う立場，そしてキャリア・コンサルタントとして一人ひとりに寄り添える立場を最大限活かし，目的意識を大切に，現場で本質的な働き方改革を推進する一端を担っていきたい。

5 法と経営学における情報セキュリティ
── 仮想通貨流出事件を例にして

櫻井　成一朗

　I　はじめに
　II　仮想通貨流出事件の本質
　III　情報セキュリティの重要性と経営
　IV　法と経営学における情報セキュリティ教育の重要性
　V　おわりに

I　はじめに

　今日では，情報の取り扱いが経営の根幹をなすようになり，ビジネスモデルを情報システムと同一視する見方もあり，情報と経営が切り離せないものになってきている。経営と情報の結びつきが強くなればなるほど，常に情報にアクセスでき，利用可能であることが益々重要になる。情報セキュリティリスクをどう見積り，どの程度のコストをかけるかというのは重要な経営判断であり，見誤れば事業破綻を招くことさえある。情報セキュリティリスクを見誤った例として，辛うじて事業破綻は免れたものの，仮想通貨取引業者が約580億円の仮想通貨を流出させてしまい，致命的な被害を被った事件がある。

　仮想通貨は，国家とは独立して，情報に対する価値を共有するコミュニティによって財産価値を付与するという試みであり，全世界で爆発的な資金投入が行われ，仮想通貨も高騰を続けていたところ，仮想通貨取引所の倒産事件を契機として，仮想通貨取引所を届け出制にする改正資金決済法が2017年4月に施行された。改正資金決済法の施行から1年足らずの2018年1月に，届け出中の仮想通貨のみなし取引所から，流出時点の時価で約580億円の仮想通貨が流出してしまった。その後，仮想通貨の取引履歴を追跡はしたものの，結局，他の仮想通貨に換金されることになってしまった。

　本論文では，法と経営学の立場から，仮想通貨流出事件を例にして，情報セキュリティについて論じる。情報セキュリティは，経営の観点からは情報セキュリティシステムマネジメントの対象であり，法学の観点からは規制対象でもある。した

がって，情報セキュリティは，組織的な対応が求められ，情報セキュリティポリシーが策定され，PDCAサイクルを通じて実施改善される。しかしながら，経営者が判断を誤り，利益追求を優先してしまえば，業務破綻を招くことになる。それゆえ，重大な情報セキュリティ被害を回避するには，経営判断を誤らないような，確かな情報倫理を涵養することこそが重要となる。

Ⅱ　仮想通貨流出事件の本質

1　仮想通貨の仕組み

仮想通貨とは，資金決済法第2条第5項において，以下のように規定される。

5　この法律において「仮想通貨」とは，次に掲げるものをいう。
一　物品を購入し，若しくは借り受け，又は役務の提供を受ける場合に，これらの代価の弁済のために不特定の者に対して使用することができ，かつ，不特定の者を相手方として購入及び売却を行うことができる財産的価値（電子機器その他の物に電子的方法により記録されているものに限り，本邦通貨及び外国通貨並びに通貨建資産を除く。次号において同じ。）であって，電子情報処理組織を用いて移転することができるもの
二　不特定の者を相手方として前号に掲げるものと相互に交換を行うことができる財産的価値であって，電子情報処理組織を用いて移転することができるもの

同法第2条第5項第1号で規定する仮想通貨は，代金の支払い等に利用できる財産的価値であり，同法第2条第5項第2号で規定する仮想通貨は，代金等の支払い等に利用できなくても，他の仮想通貨と相互に交換可能な財産的価値である。情報技術的観点では，仮想通貨あるいは暗号通貨とは，ブロックチェーンと呼ばれる技術に基づき，当事者間で安全に取引可能な電子データに過ぎない。ブロックチェーンとは，データを格納するブロック[(1)]を繋げたチェーンを特定のサーバ上に保存するのではなく，多くのノード（データの一部を保存するコンピュータ）にデータを分散して保存する仕組みである。このとき，すべてのノードが信頼できるのであれば問題は生じないが，信頼できないノードが一つでも含まれていれば，保存されたデータの信頼性が揺らぐことになる。ブロックチェーン技術では，信頼できない分散システム上での合意形成[(2)]を可能とすることで，データの信頼性を確保している。したがって，分散システムのいくつかのノードが攻撃者か

（1）ブロックとは，元来，ハードディスク等に読み書きする際の最小単位のデータを指し，一定の容量のデータの塊のことをいう。

5 法と経営学における情報セキュリティ〔櫻井成一朗〕

ら支配されていたとしても，多数のノードが支配されない限り，データの機密性・完全性・可用性が保障される。それゆえ，ブロックチェーン技術は，データが改ざんされにくいと考えられている。さらに，取引の安全性を高めるためには，暗号化技術が用いられる。代表的な暗号化技術としては，公開鍵暗号方式がある。公開鍵暗号方式とは，暗号化と復号化の二つの鍵を用意し，暗号化の鍵のみを公開しておけば，誰でも公開鍵を用いて暗号文を作成し，秘密鍵の保有者に送付すると，秘密鍵の保有者のみが暗号を復号化できるという仕組みである。公開鍵暗号方式を用いれば，秘密鍵の保有者の認証を安全に行うこともできる。適当なデータを暗号化した上で保有者に暗号文書を送り，保有者が復号化した文書を送り返し，元の文書との一致を確認すれば，秘密鍵の保有者以外は元データを復号化できないことから，秘密鍵の保有者であることを確認できるのである。

　仮想通貨の具体的な取引方法は，たとえば，代表的仮想通貨である，ビットコインでは次のようになる。「一定数のビットコインをあるビットコインアドレス（口座A）から他のビットコインアドレス（口座B）に送付するという結果を生じさせるには，ビットコインネットワークにおいて，〔1〕送付元の口座Aの秘密鍵を管理・把握する参加者が，口座Aから口座Bに一定数のビットコインを振替えるという記録（トランザクション）を上記秘密鍵を利用して作成する，〔2〕送付元の口座Aの秘密鍵を管理・把握する参加者が，作成したトランザクションを他のネットワーク参加者（オンラインになっている参加者から無作為に選択され，送付先の口座の秘密鍵を管理・把握する参加者に限られない。）に送信する，〔3〕トランザクションを受信した参加者が，当該トランザクションについて，送付元となる口座Aの秘密鍵によって作成されたものであるか否か及び送付させるビットコインの数値が送付元である口座Aに関しブロックチェーンに記録された全てのトランザクションに基づいて差引計算した数値を下回ることを検証する，〔4〕検証により上記各点が確認されれば，検証した参加者は，当該トランザクションを他の参加者に対しインターネットを通じて転送し，この転送が繰り返されることにより，当該トランザクションがビットコインネットワークにより広く拡散される，〔5〕拡散されたトランザクションがマイニングの対象となり，マイニングされることによってブロックチェーンに記録されること，が必要である。」（東京地判平成27年8月5日 Watch19号59頁）個々の仮想通貨によって，ブロックチェーンの詳細や公開鍵暗号アルゴリズムの差異はあるものの，暗号技術として公開鍵

（2）分散システム中に信頼できないノードが含まれる際の合意形成問題は，Byzantine 将軍問題と呼ばれ，ブロックチェーン技術は Byzantine 将軍問題を実質的に解決したと言われている。

127

［法と経営研究 第2号（2019.1）］

暗号方式を採用するのであれば，利用者は，アドレスと秘密鍵を管理することこそが重要であり，これらをネットワークから切り離されたコールドウォレットに保存しておくことが情報セキュリティ上好ましいことは明らかである。それゆえ，仮想通貨においては，秘密鍵の機密性維持こそが何よりも優先されなければならないのである。

2　秘密鍵の役割と保全の方法

暗号技術として公開鍵暗号方式が用いられる最大の理由は，暗号化の鍵を公開してしまうことで，暗号化の鍵の配布が容易であるにもかかわらず，秘密鍵の保全に努めれば，暗号の安全性を保障できることにある。秘密鍵さえ窃取されなければ，暗号が解読される可能性はほぼないのである。

秘密鍵を所有する者以外には暗号を解読できないという特徴は，公開鍵暗号方式にもう一つの重要な役割である，本人認証を可能にする。暗号化した文書を復号化できるのは，当該公開鍵に対する秘密鍵を所有した者だけであるので，暗号化した文書を送付し，複合して再送すれば，元の文書と比較することで，本人であることが確認できる。これに対して，ネットワークで通常用いられるパスワード認証は，総当たり（ブルートフォース）攻撃により容易に破られてしまう。二段階認証の利用や，ワンタイムパスワードを併用すれば，安全性が若干増すものの，現代のコンピュータの計算速度を考慮すれば，必ずしも安全であるとは言えない。したがって，秘密鍵が窃取されなければ，公開鍵暗号方式を本人認証の手段として用いる方が情報セキュリティ上望ましい。

仮想通貨の取引に際しては，取引指令の本人確認ができなければならない。さもなければ，無権限者により取引が容易に行えることになり，取引の安全性が保障されなくなるからである。仮想通貨の取引は，従来の対面式な取引と異なり，インターネット上で行われることが前提であるので，インターネット上で安全に本人確認を行う必要がある。公開鍵暗号方式を用いていれば，秘密鍵を使って安全に本人確認を行うことができるのである。したがって，秘密鍵の管理は最重要となる。ホットウォレットと呼ばれる，ネットワークに常時接続されたPC等に秘密鍵を保存するのは，ウィルス等により秘密鍵が漏えいする可能性があるので，コールドウォレットと呼ばれる，ネットワークから隔離された環境下で厳重に保管する必要がある。たとえば，秘密鍵を紙媒体に印刷しておき，通常は金庫等に保管しておき，取引の都度，秘密鍵を参照するというのも一つの方法であるし，コールドウォレットのための専用ハードウェアも存在する。

3　不正侵入・不正アクセスによる流出

　2018年1月に発生したコインチェック事件においては，不正侵入により仮想通貨が流出されたとされている。不正侵入は，サーバを設置する建造物の中に不法侵入した可能性もあるが，遠隔ログインが可能であれば，建造物への不法侵入なしで，遠隔地から実現可能である。具体的には，遠隔ログインのアカウントとパスワードがわかれば，容易に不正侵入できてしまう。このようなソフトウェアによる不正侵入は不正アクセスと呼ばれ，不正アクセス禁止法により禁じられている。

　過去5年間で都道府県警察から警察庁に報告された不正アクセス件数を図表1に示す。不正アクセス自体は，直接被害等が顕在化しなければ被害者には侵入されたことさえわからないので，現実の不正アクセスはもっと多いと予想される。

図表1　過去の不正アクセスの認知件数[3]

届出年	2013	2014	2015	2016	2017
一般企業	2893	3468	1998	1823	1177
行政機関等	24	3	14	5	9
その他	34	74	39	12	16
計	2951	3545	2051	1840	1202

総務省の平成30年3月22日報道発表資料より作成

　最近4年間は減少傾向にあるものの，図表2に示すように，行為別の件数は横ばいであることがわかる。

　不正アクセス禁止法では，同法第2条第4項の第1号，第2号，第3号により，3種類の不正アクセスに大別される。第1号不正アクセスは，「アクセス制御機能を有する特定電子計算機に電気通信回線を通じて当該アクセス制御機能に係る他人の識別符号を入力して当該特定電子計算機を作動させ，当該アクセス制御機能により制限されている特定利用をし得る状態にさせる行為（当該アクセス制御機能を付加したアクセス管理者がするもの及び当該アクセス管理者又は当該識別符号に係る利用権者の承諾を得てするものを除く。）」，すなわち，アカウントとパスワードを用いてアクセス制御機能を得る方法である。サーバコンピュータ等で遠隔ログインを許容しておくと，不正アクセスの可能性が付き纏うので，多くの企業では

――――――――――
（3）　総務省の平成30年3月22日報道発表資料別紙1　http://www.soumu.go.jp/main_content/000539526.pdf に基づき作成した。

［法と経営研究 第 2 号（2019.1）］

図表 2　行為別件数[4]

	2013	2014	2015	2016	2017
ネットバンキングでの不正送金等	1325	1944	1531	1305	442
仮想通貨交換業者等での不正送信					149
情報の不正入手	92	177	92	91	146
ネットショッピングにおける不正購入	911	209	167	172	133
その他	623	1215	261	272	332
計	2951	3545	2051	1840	1202

（総務省の前掲報道発表資料より作成）

不正アクセスの危険性を減らすために，遠隔ログインが禁じられていることが多い。現代のコンピュータパワーを用いれば，アカウントとパスワードの総当たり攻撃により，容易にパスワードを検出できてしまうが，総当たり攻撃は不正侵入検知システム（Intrusion Detection System）[5]によって，発見されやすいので，攻撃者から見れば実現可能性は高くない。

　第 1 号不正アクセスの実現可能性が高くないことから，現実には他の手段による不正アクセスが多くなることが予想される。すなわち，第 2 号不正アクセス，「アクセス制御機能を有する特定電子計算機に電気通信回線を通じて当該アクセス制御機能による特定利用の制限を免れることができる情報（識別符号であるものを除く。）又は指令を入力して当該特定電子計算機を作動させ，その制限されている特定利用をし得る状態にさせる行為（当該アクセス制御機能を付加したアクセス管理者がするもの及び当該アクセス管理者の承諾を得てするものを除く。次号において同じ。）」や，第 3 号不正アクセス，「電気通信回線を介して接続された他の特定電子計算機が有するアクセス制御機能によりその特定利用を制限されている特定電子計算機に電気通信回線を通じてその制限を免れることができる情報又は指令を入力して当該特定電子計算機を作動させ，その制限されている特定利用をし得る状態にさせる行為」による攻撃の方が，企業や組織の情報システムの乗っ取りや情報漏えいの危険性は高くなる。

（4）前掲の総務省の平成30年 3 月22日報道発表資料別紙 1 に基づき作成した。仮想通貨に関する統計は2017年のみである。

（5）不正侵入検知システムとは，コンピュータの通信を常時監視することで，異常な通信等を検出し，不正アクセスを発見するシステムのことをいう。異常な通信の判別は，異常な通信パターンを予め登録しておき，パターンとの照合によって行われるので，未登録の攻撃に対しては対応できない。侵入検知だけではなく，検知すると同時に自動的に遮断する侵入防止システム（IPS：Intrusion Prevention System）もある。

第2号不正アクセスや第3号不正アクセスは，セキュリティホールと呼ばれる
ソフトウェアの脆弱性をピンポイントで攻撃するので，たったの一撃でアクセス
制御機能を得ることができる。インターネット通信では，IP アドレス[6]とポー
ト番号[7]を用いてサーバアプリケーションにアクセスするので，サーバコン
ピュータ側ではポート番号毎に各種サーバプログラムが利用者からの通信を待ち
受けた状態で待機することになる。脆弱性のあるサーバプログラムに対して，不
正なデータが送信されることでサーバプログラムが乗っ取られ，次いでサーバコ
ンピュータ自体の制御を奪われることになるので，ファイアウォール装置[8]に
より，外部からの不必要な接続を遮断しておくのが通常である。また，基本ソフ
トウェアやサーバプログラムの脆弱性を塞ぐためには，業者等の提供するセキュ
リティパッチ等を日常的に施しておくことは当然であるが，ファイアウォールを
設置し，セキュリティパッチを日常的に適用しているからと言っても，完璧な安
全性が維持されるわけではない。ソフトウェアが大規模になればなるほど，セキュ
リティホールを無くすことも困難になる。個々のソフトウェアの安全性を確保し
たとしても，ソフトウェアの組み合わせによって生じるセキュリティホールも存
在するからである。実際，ゼロデー攻撃[9]のように新種の脆弱性を狙った攻撃
はほぼ防げない。不正侵入検知システムは，異常な通信を監視するので，同一の
IP アドレスからの大量通信のように異常な通信や，既知のセキュリティホール
を狙った通信は検知できても，高々数百バイト程度の通信が攻撃目的の通信であ
ると判別することは技術的に不可能である。なお，不正侵入検知システムが有効
な場合も少なくないのであるから，むしろ積極的に導入すべきであることは言う
までもない。

　セキュリティホールを狙う攻撃は，高度な知識を要すると考えられがちである
が，不正アクセスのためのツール群は公開されているので，ソフトウェアをダウ
ンロードするだけの知識があれば，中高生でも十分可能である。そのようなツー
ルをダウンロードして用いるだけの攻撃者のことはスクリプトキディと呼ばれ，

（6）インターネット通信で，各コンピュータに割り当てられるインターネット通信におけ
　　るアドレスのことを指す。IP アドレスは組織毎に割り当てられるので，IP アドレスがわ
　　かれば，コンピュータの所属する組織が判別できるが，偽装される可能性も少なくない。
（7）0から65535の間の数が用いられ，用途毎に割り当てられる。
（8）ファイアウォールとは，元々は防火壁の意味であるが，攻撃者からの通信の遮断や，
　　利用者の外部への通信を制限するために用いられる。
（9）ゼロデー攻撃とは，未公表の脆弱性をターゲットとした攻撃で，攻撃に対する対策が
　　明らかではないので，利用者は，最悪，コンピュータの利用を停止しなければならなく
　　なる。

［法と経営研究 第2号（2019.1）］

スクリプトキディによる被害も少なくないが，多くの組織では，ファイアウォールを導入済であるから，不必要な通信が遮断されており，スクリプトキディによる大きな被害は生じていない。

4 ウィルス対策の不完全性

ウィルスは，「人が電子計算機を使用するに際してその意図に沿うべき動作をさせず，又はその意図に反する動作をさせるべき不正な指令を与える電磁的記録」として刑法第168条の2で定義され，不正指令電磁的記録の作成（刑法第168条の2）や不正指令電磁的記録の取得（刑法第168条の3）は禁止されている。コンピュータをウィルス感染から防御するには，ウィルス対策ソフトウェアを導入すれば，既知のウィルスに対しては，高精度で防御できる。しかしながら，ウィルス対策ソフトで対応できるのは，既知のウィルスに対してのみであり，新種のウィルスに対しては，効果がないことに注意しなければならない。なぜならば，「意図に沿うべき動作」とは何かが予めわからないのであるから，たとえウィルス対策ソフトウェアによりコンピュータの動作を常時監視していたとしても，どの指令が「意図に沿うべき動作」で，どの指令が「意図に反する動作」なのかは正確に判別できない。それゆえ，既存のウィルス対策ソフトウェアでは，既知のウィルスの不正な指令列をパターンとしてデータベース化しておき，既知のウィルスの変種や亜種を発見し，除去するだけであり，完璧に防御できるわけではない。

たとえ遠隔ログインや外部との直接通信を禁止していたとしても，情報通信技術的には，ウィルス経由で，コンピュータを乗っ取ったり，操作したりということが可能である。この場合，コンピュータがファイアウォール内に守られていたとしてもファイアウォールは無力に等しくなる。ファイアウォールは，外部への通信を許可してネットの閲覧を可能にしつつも，外部から内部への通信を拒絶する仕組みである。しかしながら，外部への通信を許可してしまうのであれば，外部からの直接攻撃を防ぐだけで，安全とは言えないのである。そもそも，情報通信とは，事前に定めたプロトコルに従って，データの送受信を双方向に行うことである。例えば，AからBへ電話するのであれば，AからBを呼び出して，Bが受話器を取ることで回線を開き，通話が終了したら，回線を閉じる。これはコンピュータ同士の情報通信でも何ら変わらない。外部からの着信を拒否していたとしても，内部から外部への発信を許容するのであれば，通信回線を開くことに違いはない。通信回線を開くのであれば，外部から内部への戻りの通信を許容することであり，その結果，通信内容に不正なデータを潜ませることができ，その結果として制御を奪うことができてしまうのである。したがって，ファイアウォー

5　法と経営学における情報セキュリティ〔櫻井成一朗〕

ル内にたった一台でも外部との通信を行うクライアントマシンが存在すれば，そのクライアントマシンをターゲットとして攻撃されてしまう。不正侵入の経路としては通信によるものばかりではなく，USBメモリにウィルスを潜ませておくことも考えられる。たった一人の利用者がウィルスに感染したUSBメモリを挿入するか，ウィルスに感染した添付ファイルをクリックするだけで，ウィルスが起動して，当該コンピュータの制御を奪うことができてしまう。わずか1台のクライアントマシンさえ攻略してしまえば，当該マシンを踏み台としてファイアウォール内のサーバ群への攻撃が行われ，サーバ群のセキュリティ対策を潜り抜けてしまうことになる。実際に，米国のVirginia Bankから2016年5月と2017年1月の2回にかけて，2400万ドルが盗まれるという事件が発生した。最初の攻撃は，フィッシングメール[10]により，従業員のコンピュータを乗っ取り，それを踏み台にして，決済用サーバ群への侵入が行われたのである。一方，2009年2月27日に発生した東大病院の事件では，職員の持ち込んだUSBメモリがワーム[11]型ウィルスに感染済で，感染済USBメモリを業務用PCに挿入したところ，業務用PCがワーム型ウィルスに感染し，さらに，そのワーム型ウィルスが病院内の他のPCやサーバ群にも同時に感染したことで，病院全体が機能不全に陥ってしまった。これらの事件のように，たった一台のPCの感染に始まって，企業や行政が業務停止に巻き込まれてしまうのである。すなわち，たった一台のコンピュータの支配に成功すれば，ファイアウォールや不正侵入検知システムによる防御では，組織外への攻撃拡大を防ぐことはできても，感染マシンからの組織内のサーバ群への攻撃を防げないのである。仮に内部サーバ群に対しても，ファイアウォール等を設置することで，組織内部からの攻撃に対しても防御策が講じられていたとしても，組織内部からの通信を拒絶することはできないので，情報システムとしては脆弱になる。

5　セキュリティ対策の甘さが招いた仮想通貨流出事件

　日本経済新聞2018年1月27日朝刊によれば，「1月26日夕，仮想通貨市場に激震が走った。大手仮想通貨取引所のコインチェックが，約580億円に相当する仮

---

(10) フィッシングメールとは，真正のサイトを模倣した作成した偽装サイトへと誘導し，偽装サイトにて，利用者の個人情報やアカウント情報を取得や，ウィルス感染させ，最終的には利用者の財産の詐取を目的とする，フィッシング詐欺のためのメールである。

(11) ワームとは，コンピュータに常駐して，自らの複製を他のコンピュータに増殖させていくウィルスプログラムであり，感染力が強い場合には，組織内のコンピュータが機能不全に陥る。

想通貨を不正に引きだされていた事実が明らかになったからだ。外部からのハッキングで盗まれた可能性が高い。仮想通貨取引所のシステムの脆弱さはかねて指摘されてきたが，コインチェックはネットワークに接続した状況で保管するなどハッキングへの対応が不十分だったことを記者会見で認めた。派手な値動きの裏で利用者保護が二の次になっている。」とある。仮想通貨取引所のシステムの脆弱性とは，日本経済新聞2014年3月1日朝刊によれば，「仮想通貨の取引所を運営するMTGOXが28日に民事再生手続きを申請した。「未来の通貨」の中心となる取引所だが，ハッキング被害にあったうえ，顧客から預かった現金をきちんと管理せず，客の預かり金28億円も宙に浮いていた。」と，MTGOX事件を契機に資金決済法が改正され，仮想通貨取引所が届け出制に改められたのである。

　日本経済新聞2018年1月28日朝刊によれば，「コインチェックがNEMを流出させた原因の一つが，ネットワークに常時接続している「ホットウォレット」での管理だった。ネットから隔離した「コールドウォレット」で管理していれば不正アクセスを防げたが「技術的な難しさと人材不足から対応できていなかった」（コインチェックの和田晃一良社長）。」とある。にわかには信じられないことであるが，流出した仮想通貨NEMのアドレスと秘密鍵のペアが「ホットウォレット」に保存されていたというのである。仮想通貨に対する入出金の操作には，アドレスと秘密鍵が必要とされており，秘密鍵は当該資産の処分権限者であることを保障する唯一の手段である。言い換えれば，アドレスと秘密鍵のペアさえわかれば，無権限者が自由に入出金操作できてしまうのである。コインチェックは，仮想通貨の秘密鍵については，最大限の注意を払って管理しなければならないところ，一部の仮想通貨についてはコールドウォレットによる管理を実施していたものの，流出した仮想通貨NEMについてはコールドウォレットによる管理を実施していなかった。したがって，コインチェック事件は，顧客の資産保護よりも利益追求を優先するあまり，情報セキュリティ対策が不十分なまま営業を行っていたことに最大の理由がある。もし技術者倫理として，顧客の資産保護が優先されていれば，これだけ大きな被害は招かなかったかもしれない。

　それでは，コールドウォレットにしておけば，仮想通貨NEMの流出は回避できたのであろうか。もしアドレスと秘密鍵のペアをコールドウォレットに保存しておけば，580億円もの仮想通貨が流出することはなかったであろうが，逆に2014年にコインチェック開設後わずか3年数か月の取引で580億円もの仮想通貨取引が行われることもなかったであろう。コールドウォレットに保存してしまうと，取引の度にコールドウォレットからアドレスと秘密鍵を取り出さねばならなくなり，利用者の利便性が著しく低下することになるからである。

Ⅲ　情報セキュリティの重要性と経営

1　情報システムとリスク

　現代の企業経営は，情報の利活用なしでは成り立たないので，定常的なサービス提供のための情報システムの運用・保守が重要である。(飫冨他 2009) によれば，「情報システムの脅威は大きく①地震や火災などの災害，②情報システムを構成するハードウェアやソフトウェア等の故障，③情報システムに関係する関係者の過失，④不正に起因するものに大別される。」さらには，情報システムには脆弱性が存在し，脆弱性を完全に取り除くことは困難である。JIS Q 13335-1:2006によれば，リスクとは，「ある脅威が，資産又は資産のグループのぜい（脆）弱性につけ込み，そのことによって組織に損害を与える可能性。これは，事象の発生確率と事象の結果との組合せによって測定できる。」と定義され，リスクマネジメントとは，「ICT システムの資源に作用する不確かな事象を特定し，制御し，また，それらを除去又は最小化する総合的なプロセス。」と定義される。情報のリスクマネジメントで重要なことは，情報セキュリティリスクを 0 に近づけることができても，0 にはできないということである。不正侵入検知システムやファイアウォールのような機器を導入したり，検疫ネットワークを設置したり，ウィルス対策ソフトウェアを導入する等の技術的対策を講じても，決して情報セキュリティリスクは 0 とはならない。サイバー攻撃が増している昨今ではなおさらである。

2　情報セキュリティ

　JIS Q 27001:2006では，情報セキュリティが次のように定義される。

> 情報の機密性，完全性及び可用性を維持すること。さらに，真正性，責任追跡性，否認防止及び信頼性のような特性を維持することを含めてもよい。

　情報の機密性とは，不必要な情報の漏えいがないことで，完全性とは，情報の欠落が無いこと，可用性とは，必要な時にいつでも情報が利用可能であることをいう。情報セキュリティとは，これら 3 要素を維持することであるが，情報の利用に際して業務活動に支障が無いような体制を構築するだけではなく，仮想通貨交換業者のように，顧客の資産としての情報を預かる際には，通常にも増してサイバー攻撃に備える必要がある。サイバー攻撃に備えるために，経済産業省はサ

イバーセキュリティ経営ガイドライン[12]を策定している。このガイドラインでは，経営者が認識すべき以下の3原則が掲げられている。

(1)経営者は，サイバーセキュリティリスクを認識し，リーダーシップによって対策を進めることが必要

(2)自社は勿論のこと，ビジネスパートナーや委託先も含めたサプライチェーンに対するセキュリティ対策が必要

(3)平時及び緊急時のいずれにおいても，サイバーセキュリティリスクや対策に係る情報開示など，関係者との適切なコミュニケーションが必要

これらの3原則が重要であることは言うまでもない。3原則に則って，情報セキュリティポリシー[13]を策定し，PDCAサイクルにより組織として実践していくことになる。

3　情報セキュリティと情報倫理

情報セキュリティの教科書[14]によれば，暗号技術や情報セキュリティ対策技術をはじめ，情報セキュリティマネジメントまで幅広く学ぶことができる。しかしながら，情報技術の進展に伴い，サイバー攻撃の手口も高度化・複雑化しているのが現状である。すなわち，セキュリティ対策においては，常に最新の情報をフォローアップし続ける必要がある。その意味では，セキュリティ専門家を直接雇用するにしても，セキュリティ対策業者に業務委託するにしても，直接対応する専門家が絶えずフォローアップする体制を整える必要がある。一方，セキュリティ専門家以外の者の果たす役割も小さくない。外部からの攻撃に備えて整備された情報システムであっても，信頼された内部からの攻撃には脆い傾向がある。一従業員の業務用PCがワーム型ウィルスに感染しただけで，組織内の情報システムや他の業務用PCが麻痺して，業務停止を招きかねない。それは，一従業員の不用意なワンクリックや，USBメモリの持ち込みと挿入から始まるのである。あるいは，一従業員の家庭のPCがウィルス感染することで，それが企業内に影響を及ぼす可能性もある。多くの従業員はまさか自分の家庭のPCがウィルスに感染するなど夢にも思わないのである。従業員の自宅のPCのアドレス帳に同僚のメールアドレスが登録されていれば，今度は同僚がワーム型ウィルスの格好の

---

(12) サイバーセキュリティ経営ガイドラインは，http://www.meti.go.jp/policy/netsecurity/downloadfiles/CSM_Guideline_v2.0.pdf からダウンロードできる。

(13) 情報セキュリティポリシーとは，情報セキュリティ対策をまとめたものであり，詳しくは，たとえば（税所 2012）を参照のこと。

(14) たとえば，（佐々木良一 2014）や（高橋修 2017）を参照のこと。

5 法と経営学における情報セキュリティ〔櫻井成一朗〕

餌食となりかねない。このような問題を回避するには，従業員は従業員としての情報倫理，セキュリティ専門家はセキュリティ専門家としての情報倫理，経営者は経営者としての情報倫理が重要となるのである。それぞれの役割が異なれば，必要とされる情報に関する知識は自ずと異なるが，自らの情報に関する知識に基づき，自らの判断で行動しなければならない。すなわち，組織の構成員が，情報システムに対する影響や企業経営に及ぼす影響を考慮して，自らの判断で責任ある行動をしなければならない。確かな情報倫理を持たない，たった一人の構成員がいるだけで，情報システムが崩壊しかねないのである。それゆえ，情報倫理教育を含んだ情報セキュリティ教育が重要となるのである。

Ⅳ　法と経営学における情報セキュリティ教育の重要性

1　日本の情報セキュリティ法

　情報セキュリティを確保する制度としては，法的規制と自主規制の二つがある。
　法的規制としては，電子署名及び認証業務に関する法律，不正アクセス禁止法，個人情報保護法，刑法（電子計算機使用詐欺罪，電子計算機損壊等業務妨害罪，不正指令電子的記録に関する罪）がある。営業秘密については，不正競争防止法により，刑事上・民事上の責任を問うことができる。
　自主規制の基準として，一般財団法人日本情報経済社会推進協会（JIPDEC）が，ISO/IEC 27001[15]に基づく情報セキュリティマネジメントシステム（ISMS）適合性評価制度や ISO/IEC 20000に基づく IT サービスマネジメントシステム（ITSMS）適合性評価制度の推進を行っている。2018年4月からは一般社団法人情報マネジメントシステム認定センターが，ISMS 適合性評価制度，ITSMS 適合性評価制度，BCMS（事業継続マネジメントシステム）適合性評価制度，CSMS（サイバーセキュリティマネジメントシステム）適合性評価制度を運用している。これらは国際的に整合性のとれた情報セキュリティマネジメントシステムの第三者認証評価制度であり，国際的に信頼を得られる情報セキュリティの達成，維持を目的とする制度である。

2　企業統治と情報セキュリティ

　2013年，政府の日本再興戦略で，コーポレートガバナンスの見直しが盛り込まれ，企業統治改革が進められるようになった。2015年6月，日本の上場企業に対

---

(15) 企業の様々なリスクを予防し，低減するための管理項目を明確にした国際規格である。

して適用が始まった，コーポレートガバナンス・コードが策定された。このコードは，実効的なコーポレートガバナンスの実現のために東京証券取引所がとりまとめた原則であり，企業の持続的発展と中長期的な企業価値の向上を図るものである。このコードは自利心による企業統治を目指すものであり，これと対立するのが良心による企業統治（田中一弘 2014）である。田中一弘教授は，「日本では，経営者性悪説に基づくコーポレート・ガバナンスは「お粗末」でも，経営者性善説に基づく良心による企業統治が機能してきたから，経営の活力と健全さが（もちろん，例外はあるにせよ）全体としては保持されてきたのではないか。言い換えれば，良心による企業統治こそが日本型企業統治の核心なのではないか。」と述べられる。田中一弘教授の「良心」の考え方は情報セキュリティにも共通するのではないだろうか。

　田中一弘教授は，「従来から論じられてきた企業統治は，実はすべて「自利心による企業統治なのである。そこには「牽制」と「インセンティブ付与」という二つの要素がある。」と述べられる。前節で述べた，情報セキュリティの法制度や自主規制も，性悪説に基づき，経営者や情報セキュリティ担当者に「牽制」と「インセンティブ付与」を行っていることに他ならない。情報セキュリティの法制度や自主規制が，情報セキュリティの確保に寄与することは否定できないが，「牽制」と「インセンティブ付与」だけでは，情報セキュリティの問題を解決することはできない。仮想通貨流出事件で露わになったのは，経営者が「牽制」や「インセンティブ付与」に勝る利益に目が眩んでしまえば，情報セキュリティ対策は後回しになってしまうという事実である。経営者は顧客から預かった財産を保護するよりも，企業の利益追求を優先してしまった結果，サイバー犯罪者の格好の餌食となってしまったのである。顧客の財産を預かる業者が，顧客の財産を保護するという企業の「良心」を失ってしまい，情報システムの脆弱性を認識しつつ，放置するのは，サイバー犯罪者の餌食になるのは時間の問題であったということができる。

3　情報セキュリティ教育の重要性と求められる情報セキュリティ教育

　加賀山茂名誉教授の提唱される「法と経営学」（加賀山 2017）によれば，法学研究と経営学研究を融合することで，社会的病理現象を解決することを目的とする新しい学問である。社会的病理現象の解決を担う法と経営学では，組織の構成員一人一人の心の中にも踏み込む必要があるのではないだろうか。相次ぐ企業不祥事やサイバー攻撃に巻き込まれる組織の問題は，結局組織の構成員の心の弱さや認識の甘さに原因があるように思われる。企業統治において良心による企業統

5 法と経営学における情報セキュリティ〔櫻井成一朗〕

治が必要とされるように，情報セキュリティマネジメントにも良心による情報セキュリティマネジメントが必要であり，それを実現するための，情報セキュリティ教育が重要となるのではないだろうか。従来の企業統治のように，情報セキュリティマネジメントのために「牽制」と「インセンティブ付与」を課すだけでは，一定の効果は期待できたとしても完全な情報セキュリティマネジメントにはならないし，教育効果も期待できない。だからといって，「良心」にも本質的弱点がある。田中一弘教授は，「本質的弱点として，①自利心のほうが優勢になりがちなこと，②良心の喚起は本人次第で，他者は操作できないこと，③良心が偏狭になりうること」を挙げ，これらの弱点を克服するために，「経営者本人の自覚と修養によって良心を育てること」と「偏狭な良心を経営者本人が拡張すること」を指摘される。すなわち，「良心を育て広げること」が良心による企業統治には求められることになる。これは情報セキュリティ教育でも同様である。

　一方，情報セキュリティマネジメントにおいて，予見可能な情報システムの脆弱性を放置しておくことは訴訟リスクが大きくなるので，事前対策を怠ってはならないことは勿論である。実際，現実の不正侵入では，ウィルスメールやフィッシングメールによる PC の乗っ取りから始まる被害が後を絶たない。個々の構成員がウィルスメールの可能性に配慮できれば，ウィルス感染を回避することができ，その結果多くの不正侵入が防げるのである。そのためには，個々のウィルスについての知識を持つ必要はなく，ウィルスの危険性さえ認識していれば十分なのである。したがって，情報セキュリティの基礎についての知識を教育することが大前提となることは勿論であるが，すべての構成員が情報セキュリティの最新知識を習得する必要はない。予め情報セキュリティポリシーを策定し，情報セキュリティマネジメント体制を整備しておけば良く，セキュリティ事故が発生した際には，情報セキュリティポリシーに基づき行動すれば良い。万一，手に負えないセキュリティ事故等が生じた場合には，情報処理安全確保支援士等のセキュリティ専門家やセキュリティ専門企業に委ねれば良いのである。

　経営者を含む企業の構成員には，遭遇した状況下で組織の構成員として自らが何をなすべきか，企業の良心に基づき，自らどう行動すべきなのかという倫理観の涵養こそが何よりも重要で，そのための情報セキュリティ教育が必要とされているのではないだろうか。第一に，組織の一員である以上，経営者であるか構成員であるかに関わらず，たとえ自らは情報に直接関与することがなかったとしても，企業活動として情報を収集するからには，自らも決して第三者ではなく，当事者であることを忘れてはならない。第二に，企業の情報セキュリティポリシーを把握し，企業のセキュリティ対策において自らの役割を正確に認識し，行動で

139

きなければならない。このような良心による情報セキュリティを実践することにより，セキュリティ事故が起きたとしても，組織として迅速に対応でき，事業継続できるのではないだろうか。

「牽制」と「インセンティブ付与」を課すという意味で，各種セキュリティマネジメント適合性評価制度を活用することは，形式的基準を通過したという意味では重要であるし，何よりも顧客に対して安心感を与える効果は小さくない。しかしながら，形式的基準を通過したからといって，油断することはできないのも事実である。サイバー犯罪者は常に攻撃の機会を窺っており，また，たった一人の不心得者によって，情報システムが容易に崩壊してしまうのであるから，企業の良心に基づいて，構成員一人一人は企業が守るべき情報は何かについて認識しなければならない。顧客から委ねられた情報資産や個人情報を守ることを前提とした情報倫理教育を包含した情報セキュリティ教育の重要性が増すものと思われる。

V　お わ り に

本論文では，仮想通貨流出事件を題材にして，良心による企業統治と同様に，経営者の倫理観が問題の本質であることを示し，情報セキュリティ教育，とりわけ情報倫理教育の重要性を論じた。情報セキュリティは，情報セキュリティ部門や業務委託先の力だけでは維持できない。構成員の一人一人が，個々の役割に応じた知識を学び，自らの判断で，責任ある行動が実践されてはじめて情報セキュリティは達成，維持されるものと筆者は考える。

参考文献

飯冨順久・廣松毅・小林稔編集（2009）『現代社会の情報・通信マネジメント』中央経済社

加賀山茂（2017）「法と経営（Law&Management）の基本的な考え方」法と経営研究，信山社

税所哲郎（2012）『現代組織の情報セキュリティ・マネジメント —— その戦略と導入・策定・運用』白桃書房

佐々木良一監修（2014）『ネットワークセキュリティ』オーム社

高橋修監修（2017）『ネットワークセキュリティ』共立出版

田中一弘（2014）『「良心」から企業統治を考える』東洋経済新報社

堀江貞之（2015）『コーポレートガバナンス・コード』日本経済新聞出版社

コラム 5　偉大なアメリカ

鶴田　知佳子

（東京外国語大学教授，同時通訳者）

　ニューヨークのメイシーズでの55年前のできごとである。９歳の私は父親の赴任に伴って，当時はまだ日本人が住み始めたばかりのニュージャージー州フォートリーのアパートに住まいを移したばかりの頃だった。アメリカに到着したばかりの頃については，思い出そうにもごく断片的な記憶しかないのだが，記憶の底から今でも時折，目の前に鮮やかに浮かび上がる一場面がある。

　今の若い人たちには信じられないことであろうが，ドルは当時360円で，外貨の持ち出し制限があった。海外赴任するときには家族は一家の主の赴任と同時に渡航できるのではなく，着任して生活環境に慣れたころ，半年くらい経ってから家族が行くというのが普通であった。まだ，母と私と妹がアメリカに着いてそれほど経っていないときだった。生活用品を買いにニューヨークのメイシーズに父は車を運転して，母だけではなく９歳の私と２歳違いの妹の二人も連れて買い物に行っていた。母もまだ英語がよくわからず，慣れない大きな百貨店の家庭用品売り場において，父と一緒に品物を探していた。ガラス食器が並ぶ売り場だったと思う。なぜか，この場面しか覚えていないのだが，少々長引く買い物に飽きて疲れた私，腕をふりまわして退屈を紛らわしていたそのとき，たなに載ったガラス食器に手が触れガチャン！派手な音とともにお皿が落下，目の前に落ちて木っ端みじんになってしまった。私は何も言えず，ただ泣きじゃくっていたばかりだったと覚えている。

　そこへ，中年の女性店員さんがすぐにやってきた。親もともかく，平謝りに謝ったのだったと思う。そこは記憶がとんでいる。しかし，しっかりと覚えているのは，一言女性店員さんが Macy's is big don't cry と言ったということだ。いや，これは私が覚えていたというよりは，あとで親から聞いてそうだったのかと心に刻んだのだろう。もう55年，いまは英語も話せるようになったけれど，当時の私がはたして英語が話せたとしても何か，弁解ができただろうか。英語が話せたとしてもこの状況では気後れして，おそらく一言も言えなかったのではないだろうか。そのころのアメリカは，みるからに豊かで，生活用品があふれて日本から行っ

たばかりの私は何もかも目を奪われるものばかりだった。もう一つ，メイシーズで覚えているのは，服を買ってくれると言われて売り場で気に入ったのが二つあって，両方とも買ってとせがんだが，親は妹と私に一つずつ買うつもりで来ていたから，私にどちらか一つにさせるのに必死だったことだ。私からしたら，やっぱり日本で着ていたのとは違う感じのものがあふれていて，身に着けたいと思ったのだろう。

　さて，あの記憶の中でストップモーションのように静止画面で覚えている心配するなと言ってくれた女性店員さんも，すでに亡くなったことだろう。銀行員だった父は，売り場の女性店員の裁量で割れた食器の弁償をさせずに不問に付す処理ができることに驚いていた。あの頃のアメリカは確かに偉大だった。偉大だったからこそ，他者に配慮して弱者を切り捨てるのではなく，思いやる余裕があった。それがアメリカの基本にあった。記憶の底に浮かぶ光景は，子どもの過失を責めるのではなく不問に付した女性店員の優しさだ。私が一気にアメリカの魅力にひかれるベースはこのときにつくられたのだと思う。

　さて，今はアメリカを再び偉大にしようという人が人気を集めている。アメリカは，ほかの国から不当な扱いを受けている。自分ならもっといい取引をしてみせる。これまでの前任者がやってきた気候変動をめぐる交渉，イランの核合意や，国際的な通商協議を全面否定して，損を取り戻せといわんばかりに経済的な利益を第一に追求する人が，国民から一定以上の支持を常に受けている。これは自信の喪失と余裕のなさを示しているように私には思える。

　今年の夏ニューヨークに行って，リンカーンセンターからすぐ近くのホテルに戻る途中のことであった。今まで経験したことのない，罵声をあびせられる場面に遭遇した。どうみてもホームレスなのだろう，大きなダッフルバッグを抱えている50くらいだろうか，髪の毛もひげももじゃもじゃの大男が私と夫のほうに向かって「お前ら，とっとと日本に帰れ！」と口汚くののしったのだ。お前たちに用はない，出ていけ，といって「バーン！」と大声を出しながら両手にもったダッフルバッグを私の顔の前で盛大に振り回した。しかも「俺がこうできるとは思わなかっただろう，どうだ，できるんだぞ」と直接暴力ではないものの，脅迫的な行動に出てこられ，ひたすら急いでその場を去った。日本人であるということで，あからさまに侮蔑されたショックは相当なものだった。

コラム 5　偉大なアメリカ〔鶴田知佳子〕

　そうしたところ，現在の大統領とは同じ共和党で，以前にオバマ大統領と大統
領選で競ったベトナム戦争の際の英雄でもあるマケイン議員が亡くなり，長女の
メーガンさんが読んだ弔辞が多くの人の心をゆさぶった。マケイン氏がいかに愛
情に満ちた人物であったか，安っぽい口先ばかりではなくて自らの犠牲をいとわ
ないその行動において偉大さを示したという長女の言葉の中で，特に私が注目し
たのはこの部分である。

The America of John McCain has no need to be made great again because
America was always great.

「ジョン・マケインのアメリカは再び偉大にする必要などない，アメリカは常に
偉大だったのだから。」（筆者訳）

　そのとおり。アメリカは，今でも偉大だ。アメリカを再び偉大にと主張する人
には逆説的に聞こえるかもしれないが，アメリカは今でも偉大だという誇りを持
つことこそアメリカが偉大であり続ける道ではないのか。

　困っている人に手を差し延べ，あたたかく迎え入れる。誰もが憧れる夢の国ア
メリカ。
　それが少女だった私の目に映ったアメリカだった。その後私はアメリカの高校，
大学院で学んだ。ひるがえって，今年の夏ニューヨークで体験した光景は寒々し
い。外からやってくる人たちは自分たちから富を奪う者たちだ。どんな経緯でホー
ムレスになったのかはわからないが，その男は明らかに自分ではなくて外の人の
せいであると思っていることを示した。富を奪う者たちは追い払おう，自分が得
をするような交渉をしよう，という大統領を支持する勢力が大きくなってしまう
アメリカは，アメリカではなくなってしまう。外からの者を拒否する内向き志向
は，夢の国であることの拒否でもある。いや，そうではない。アメリカは今でも
偉大で夢の国であり続けると信じたい。

143

〈編 者〉

加賀山　茂（名古屋大学名誉教授・明治学院大学名誉教授）
　かがやま　しげる

金城亜紀（学習院女子大学教授）
　きんじょうあき

◆ 法と経営研究　第2号 ◆

2019(平成31)年1月30日　第1版第1刷発行　3702-01011

責任編集　　加賀山茂　金城亜紀
発 行 者　　今井 貴　稲葉文子
発 行 所　　株式会社 信　山　社
〒113-0033　東京都文京区本郷6-2-9-102
Tel 03-3818-1019　Fax 03-3818-0344
info@shinzansha.co.jp
出版契約 No.2019-3702-3-01010 Printed in Japan

©編著者, 2019　印刷・製本／亜細亜印刷・渋谷文泉閣
ISBN978-4-7972-3702-3 : 012-010-002N20 C3332
P152 分類321.005.a001 法と経営

JCOPY 〈(社)出版者著作権管理機構 委託出版物〉
本書の無断複写は著作権法上での例外を除き禁じられています。複写される場合は、
そのつど事前に、(社)出版者著作権管理機構(電話 03-3513-6969, FAX03-3513-6979,
e-mail:info@jcopy.or.jp)の許諾を得てください。

◆ 法律学の未来を拓く研究雑誌 ◆

法と経営研究　　加賀山茂・金城亜紀 責任編集

憲法研究　　辻村みよ子 責任編集

〔編集委員〕山元一／只野雅人／愛敬浩二／毛利透

行政法研究　　宇賀克也 責任編集

ＥＵ法研究　　中西優美子 責任編集

民法研究 第2集　　大村敦志 責任編集

民法研究　　広中俊雄 責任編集

消費者法研究　　河上正二 責任編集

メディア法研究　　鈴木秀美 責任編集

環境法研究　　大塚 直 責任編集

社会保障法研究　　岩村正彦・菊池馨実 責任編集

法と社会研究　　太田勝造・佐藤岩夫 責任編集

法と哲学　　井上達夫 責任編集

国際法研究　　岩沢雄司・中谷和弘 責任編集

ジェンダー法研究　　浅倉むつ子・二宮周平 責任編集

信山社